「忌」怖い話
imawa no kowai hanashi
Echo kaidan
回向怪談

加藤 一 著

竹書房文庫

※本書に登場する人物名は、様々な事情を考慮してすべて仮名にしてあります。また、作中に登場する体験者の記憶と体験当時の世相を鑑み、極力当時の様相を再現するよう心がけています。現代においては若干耳慣れない言葉・表記が登場する場合がありますが、これらは差別・侮蔑を意図する考えに基づくものではありません。

端書き

此岸《しがん》と彼岸の間をふらふらしている実話怪談ジャンキーの皆さん、お疲れ様です！

怪談には、分かりやすい怪談ともうひとつ、分かりにくい怪談というのがあります。

もう、あからさまに「志村、後ろ！」と叫びたくなるくらい明確かつ痛快な怪談というのがある一方で、目を細めて藪睨みしないと分からない怪談だとか、仄《ほの》かに香り立つような幽《かす》かな怪談というのもあります。

これがまた不思議なもので、幽かな怪異がひっそり起きているような派手さのない怪談というのは、じわりじわりと進行したり、ほんの痕跡だけしか残さなかったり。

まあ、よく言えば大変奥ゆかしい怪談、ということになります。

スプラッタホラーばりのど派手な怪談もいいんでしょうが、静かで奥ゆかしく、「ねえ、それって」と指差されて、「あっ」と気付かされるような怪談もまた乙なものです。

今回は、そんなラインナップを眺めていこうと思います。

著者

目次

お仕事大変ですね

眠巣君の最近の職場は三鷹駅の近くであると聞いた。

ＪＲ中央線三鷹駅の駅前には、ごく小さな川が流れている。小綺麗な開発が進んだ三鷹の市外を横切るように流れるこの小川が、玉川上水である。

現在は飲用の上水道ではなくなった玉川上水だが、その左右両岸は鬱蒼《うっそう》とした草木に囲まれており、都会の只中にいることを暫し忘れさせてくれる。

彼の最近の職場は三鷹駅からこの玉川上水に沿って少し歩いたところにある。


少し早めの桜が咲き始めた春先頃のこと。

この日、通勤ラッシュの時間からほんの少しずらした朝九時頃、眠巣君は玉川上水緑道を歩いていた。

人影まばらな遊歩道を歩いていくと、川面に人の姿があった。

見れば、紺色の作業着に同じ色の作業帽を被った男が川の只中に立っている。

立っているというか、男は肩口辺りまでどっぷりと水に浸かっている。

玉川上水は、江戸時代に増え続ける江戸の人口を支える上水として整備されたが、戦後、玉川上水の下流にあった淀川浄水場の廃止に伴い、上水も廃止されて水も止められた。が、自然環境の保護と回復を定めた都条例によって、清流を復活させるべく整備事業が行われた。そして、現在も保全作業が続けられている。

手つかずに見える自然は、手を入れなければいいというものではなく、弛《たゆ》まぬ人の営みによって維持されているものなのだ。

とはいえ、まだ三月である。

胸の辺りまで冷たい水に浸かって作業するなど、なかなかできることではない。

「この寒いのに頑張ってるの、凄いよなあ」

こちらに背中を向けているので年齢まではっきりとは分からないが、中年くらいであろうか。御苦労なことだ。

作業員は胸まで水に浸かったまま、川面をぞろぞろと移動し始めた。

途中、橋の下を通るため暗渠《あんきょ》になっている場所があるのだが、這《は》い蹲《つくば》らなければ通れないほどの狭い隙間を水に浸かった低い姿勢のまま難なく通り抜け、暗渠の下に潜り込んでいった。

作業員の潜っていった暗渠の上を渡るとき、眠巣君はハタと足を止めた。

待て。いや、待て待て。ちょっと待て。

この小川はそんなに深かったか?

特にこの辺りは、晴天なら足首まで浸かるかどうかも怪しいくらいの浅瀬しかなかったのではないか?

近所の子供が長靴を履いて川面に下りているのを見かけたことがあるが、子供の足首に届かない程度の深さだったはずだ。

それに、この小川はそんなに幅があったか?

そりゃ、広いところも所によってはある。あるが、晴天続きのこの辺りは大人の肩幅の半分もなかったような。

あの作業員は、両肩と頭だけを出して水に浸かり、まっすぐに暗渠に潜っていったのではなかったか。

そんなことが、できるのか?

会社に遅れるので、それ以上は考えずに立ち去った。

常識的な

金縛り、というのは怪談の分野、現象の中では割とありふれたものだと思う。

『眠っていて、真夜中に目覚めたら既に身体が動かなくなっていた』

など、金縛り体験談の類型では最も多いものではないだろうか。

「あれは、脳が起きているが身体はまだ眠っているから、身体が動かせないだけだ」とか、「目が覚めているという夢を見ているだけだ」などなど、もっともらしい説明も多くされてきた。

そして向坂君の場合は、また一風違ったものだった。

多くの金縛り体験者と同様に、彼もまた金縛りにはよく遭うほうだった、という。

ただ、彼の場合、金縛りは「気付いたらいつの間にか」とか「不意打ち、騙し討ちで突然に」といった類のものではなかった。

毎回、必ず予兆があった。

当時、実家暮らしだった向坂君の寝室は建物の二階にあった。

布団に横たわっていると、階下から建物が軋《きし》む音が聞こえてくる。

きしっ……きしっ……きしっ……きしっ……。

足音、というのとは異なる。

所謂、家鳴りとも違う。あれは温度差や湿度差によって木材の繊維が割れる音だというが、家鳴りは「パキッ」「ペキッ」という小さな破裂音である。

ところが、ギッ、とか、キシッ、とか、建物が撓《たわ》んで軋む、そういう音が聞こえるのだ。

それが、金縛りが始まる合図である。

建物が軋む音は最初に階下で始まり、次第に二階に上がってくる。

階段を上ってくるということではないようで、下から音がせり上がってくるのだ。

この時点ではまだ金縛っていない。

軋み音が上昇を続けるうちに、向坂君の頭上までやってくる。

自分を通過して頭の上辺りから彼を見下ろすような高さまでくると、ここで漸くパキッと金縛りが訪れる。

後はお定まりの、「身体がウンともスンとも動かなくなる」という状態に落ち着く。いや、陥る。

毎回、家が軋む音が聞こえ始めると「あっ、来るんだな。これから始まるんだな」とばかりに布団を被って身構えるのだが、金縛りを跳ね返すということには一度も成功していないらしい。

生まれてこの方、向坂君は「金縛りというのは予兆があって始まるものだ」という体験しかしたことがなかったので、皆そういうものなんだろうと思っていた。

しかし、他の人は自分とはどうやら違うらしいことを知って驚いた。

「一般的な金縛りは突然なるものらしい」

と聞いて驚き、

「そもそも、大多数の人は金縛りに遭わないらしい」

と聞いて、さらに驚いた。

自分の常識はできるだけ多くの他人と摺り合わせてみるまで、本当に常識であるかどうかは断定できないことを、向坂君は学んだ。

ナイトクルーズ

会田氏が小学二年生くらいの頃の話。

会田少年は当時、横須賀にあった運輸省の官舎に、両親、姉妹兄弟とともに暮らしていた。姉弟は五人もいて会田少年は上から三番目の長男という、大家族暮らしであった。

何しろ子供達の人数が多いので、一人一部屋という贅沢は到底望めず、子供部屋には二段ベッドを複数並べるという窮屈さではあったが、兄弟仲は相応に良かった。


ある夜のこと。

会田少年は二段ベッドの上段に寝ていた。

寝苦しさから寝返りを打った瞬間、身体が柵を越えた。

――落ちる。落ちた。

咄嗟《とっさ》にそう思った。

しかし、身体は落ちていなかった。

最前まで自分が眠っていたはずの二段ベッドの上段が、横たわった自分の隣に見える。

腰を強かに打ったりはしていないし、足を着いて立ち上がってもいない。

ベッドの上に横たわったのと同じ姿勢のまま、宙に浮いていた。

子供部屋の宙空に漂っていた、というのが正しい。

ベッドに自分の身体はなかった。

しかし、「床に転げ落ちた自分の肉体」は、見えなかった。

もしかしたらあったのかもしれないが、灯りを消した子供部屋は暗く、床の様子は分からなかった。

それでも、浮遊感は確かにあった。

身体を支えるものは何もなく頼りない風でいて、浮き上がるようなふわふわした不安定さがある。

じたばたと手足をばたつかせなくとも、行きたい方向に身体を動かすこともできた。

会田少年は宙空に浮いたまま、子供部屋と隣接するリビングに移動した。

そうすることに何の違和感もなく、また初めての空中移動もそれが当たり前であるかのようにスムーズに行えた。

誰もが寝静まった深夜のリビングには人の気配はない。

ベッドから下り、子供部屋から出て、そしてリビングから今度は玄関に向かう。

外に通じる玄関への引き戸に手を掛けた。

何故、外に出ようと思い立ったのかは思い出せないのだが、「出られるなら、動けるなら、行けるなら行ってみたい」そのくらいの軽い気持ちであったような気がする。

しかし、引き戸を開けようとしたその瞬間、夜間飛行の時間は終わりを告げた。

ハッと気付くと、床に倒れていた、という。

寝相

於曽能《おその》君が小学生のとき、幼馴染みで二歳年長の上級生の家に泊まったことがある。

両親が彼を置いて出かけるので、ちょっと預かってもらった。確かそんなところだ。

とはいえ、勝手知ったる幼馴染みの家。

晩飯を御馳走になって、一緒に風呂に入って、ちょっとゲームをして遊んだりテレビを観たり、そんなこんなで時間を過ごして就寝の時間となった。

「まだ身体も小さいことだし、一緒の布団でいいでしょ」

とばかりに子供部屋に詰め込まれ、幼馴染みと一緒に雑魚寝することになった。

はしゃいで遊び疲れていたのもあるが、於曽能君は寝付きがいいほうだったので、あっという間に眠りに落ちた。

その夜。

夜半に目が覚めた。

頭上に誰かがいる。誰だろうと思ってよく見ると、それは一緒の布団で眠っていたはずの幼馴染みである。

子供部屋は全てが逆さまで、幼馴染みの勉強机が頭の上にあり常夜灯の点いた電灯が地面から生えている。

……そうではない。逆だ。

自分が天井に張り付いていて、畳の上で寝ている幼馴染みを見下ろしているのだ。

そうと気付いて眺めていると、幼馴染みが「うっ」と呻《うめ》いて目を覚ました。

布団からはみ出した腕が当たって起きてしまったらしい。

幼馴染みを殴り起こしてしまった腕の持ち主は……自分だった。

だとすると浮いている自分と、幼馴染みの隣で寝返りを打っている自分は別モノということだろうか。

もしくはこれは夢か。

逡巡しながら眺めていると、自分の寝相の酷さが際立った。

布団の上からいきなり頭を出したかと思うと、今度は布団の足下のほうから頭が出る。

次の瞬間、脇から足が出て幼馴染みを布団から蹴り出す。

そして足が引っ込んだ直後、同じところから頭が出てくる。

まるでモグラ叩きのようだった。

幼馴染みは見かねて「寝ろ」「いい加減にしろ」と訴えるのだが、自分のとてつもなく酷い寝相はおよそ落ち着く気配がなかった。

あまりにも酷すぎてコントのようだった。


面白がっているうちに……目が覚めた。

変な夢を見た。

そう思って目を擦っていたら、隣に寝ていた幼馴染みが目を覚まして言った。

「於曽能。おまえの寝相、凄いな。俺、何度布団から蹴り出されたことか」

幼馴染みの話す〈於曽能君の寝相の酷さ〉は、正に自分が昨晩天井から見下ろしていた様そのものだった。

工場見学

その工場は、山の上にある。

周囲に障害物はなく、見晴らしもよい。地元自治体の企業誘致活動の末に作られたのだそうで、そこで働く地元民も多い。元は特に何ということのない遊休地だったので、地元に収益をもたらすものとして歓迎されている。

具体的に何を作っている工場なのか……を明かすと、色々差し障りがあるのでそこは伏せておくが、常時複数の製造ラインが稼働し、三交代制で昼夜の別なく動き続けており、今日では地元製造業の要のひとつとなっている。

そんな工場でのこと。


ライン工の長谷川さんは、トイレを済ませて担当配置に戻ってきたところだった。

従前の作業に戻ったのだが、ふと顔を上げた。

見られているような、視線のようなものを感じたのだ。

通路の先にある小窓からこちらを覗く顔がある。

が、これはよくあることだった。

この工場は地元自治体の誘致で作られ、地元からの雇用も多い。将来、地元の学生達の有力な就職先にだってなっている。

故に、施設内には工場見学のための専用通路が設けられていた。

近隣の小学生の社会科見学などを受け入れるためので、見学通路の小窓から覗く子供達の好奇と憧憬の眼差しに晒されることなど日常茶飯事である。

「ああ。見学かな」

今日は何処の学校の子達が来てるんだっけ。

と、そう思いかけたところで、気付いた。

この日の長谷川さんのシフトは夜勤である。

工場内は温度も明るさも一定に保たれており、並んだ装置類が絶えず稼働していることもあって、作業に入ってしまえば昼とも夜とも分からない。

だが、時間は夜の九時。

工場見学の対応時間はとうに終わっており、夜の工場見学など受けつけてはいない。

作業引き継ぎのときにも、特例の夜間見学などという話は聞いていないし、ホワイトカラーのお偉いさんがこんな遅い時間に来るとも思えない。

「今日、見学とかあったっけ」

隣で作業する同僚に話を振る。

「いや、聞いてないいな」

「だよな。でも誰かが窓から覗いてたっぽいんだけど」

促して指差したが、人影はない。

気のせいならそれでいいが、工場内に不審者が入り込んでいる恐れがあるとなると、それも困る。

長谷川さんは様子を確かめるために見学通路に出た。

通路は一本道で、入室できるような部屋はない。

廃棄物の集積所に通じる通路のほうまで確かめに行くと、奥のほうから口笛が聞こえた。

「誰かいるのか？」

声を掛けながら近付いてみたが、やはり誰もいない。仕方なく、担当配置に戻った。

「誰だった？」

「誰もいなかったな」

別のラインを担当する横山君は、どうにも落ち着かない様子だった。

作業に集中しなければならないのだが、背後が気になる。

少し作業しては手を止めて振り返り、また続きをやっては振り返る。

そのうち、振り返って背後の装置を見つめる時間のほうが長くなってきた。

横山君の後ろにある装置が、気になって仕方がないらしい。

この装置は最近入れたばかりの新しい機械で、用途としては箱の中に自動的にパンフレットを封入する、というもの。

全自動でパンフレットの封入を続ける装置は、一度動き始めたら特に面倒を見る必要もないため、担当者が付いたりはしていない。

装置を入れた当初は、見学という名目の見物にやってくる工員もいたが、単純作業を繰り返すだけなので、十分も見れば飽きてしまう。今はもはや、日常の一部、背景の一部だ。

横山君もこの装置のことは知っているし、真っ先に飽きた一人だったはずだ。

にも拘わらず、今日は装置が気になって仕事が手に着かないようだ。

「おい、横山。集中しろよ」

見かねた粥川先輩が、横山君を叱った。

「注意散漫は事故の元だぞ」

「あっ、ハイ。すいません」

横山君はハッとして謝り、自分の作業に戻った。

だが、その後も肩ごしにチラチラと装置を盗み見る。

横山君が休憩に入り、彼の担当配置に松本君が着いた。

最初のうちはいつも通りにテキパキと作業をこなしていたのだが、ふと見ると手が止まっている。粥川先輩の低い声が響く。

「うぉーい、松本。手が止まってんぞ」

「あっ、すいません」

松本君は慌てて背筋を伸ばすが、横山君と同じく背後の装置を気にしている。

「何かこう、視線を感じるんすよね。ガン見されてて落ち着かない感じ」

誰もいないのに、何でだろうなあ――と首を捻る。

おかしいなあ、とボヤキながら、やはり何度も装置を振り返る。

と、工場内で悲鳴が上がった。

「ひゃーっ！」

その場にいた全員が身構える。

「なした!?」

「どうした！」

工場で一番怖いのは事故だ。僅かな油断が大事故を招く。巻き込まれれば手足の一～二本、簡単にちぎり取ってしまう装置もあるからだ。

声を上げたのは少し離れた作業場にいた、木口さんだった。

「ライン停めろ！」

出血なし、怪我なし、装置破損なし、と保安確認が行われる中、木口さんは青い顔をして松本君の背後を指差した。

「さっきから横山や松本が、封入機見てるから何かあんのかと思って」

釣られて、見た。

「何か白いのがいるんだよ、そこ」

誰だよ。なんだよ、その白いの。

ざわめきが上がる。

工員の作業服は青で統一されている。白はない。

すると、粥川先輩が「あー」と頷いた。

「あー、あー。アレな。白い女だろ？」

先輩は装置を一瞥《いちべつ》した。

「そいつ、いつもそこの封入機のとこに立ってるよ。なんだよ、横山も松本も木口も、何気にしてんだと思ってたけど、あの女が見えてただけかよ」

「えっ」

「いるんですか？」

若手が怯えた表情を浮かべる。

「まあ、心配すんなよ。別にそいつ、おまえらを見てる訳じゃないから。機械を見てんだよ。封入機が珍しいんじゃないか？」

「マジか！　粥川先輩見えてんすか！」

「だって、女だけじゃねえよ。ここ。男もいるよ」

粥川先輩によれば、白い人影は工場のそこらじゅうを彷徨《うろつ》き回っているらしい。

「あいつら機械に手ェ出しても巻き込まれそうにないから放ったらかしてるんだけどさ。気にしたらキリがねえよ。さ、作業再開すんぞー」


以前から、よくあることだった。

視界の端に何かが見え、振り返るのだが誰もいない。或いは、何かに見られていて、自分も何かを見ているつもりなのだが、何が見えているのか分からない。

まったく気付かない工員が大半だが、はっきり何かが見えているベテランが数人いる。

また新卒が入ってくると、先の人々のように「視線が気になる」と言い出す者が現れることがある。

視線が気になったのか今年の新人がチラチラ振り返るうち、先輩に指導を受ける。

「おーい、今なんか見えてた？」

「あ、いえ。誰かに見られてたかなって」

「お、おまえも見えるクチか。今の、女だったな。いつもそこにいて、動かない奴だから大丈夫。あんまり気にするな」

粥川先輩はニヤっと笑った。


気にするとどうなるのか。

工員達が工場内を彷徨く輩を気にして手元が疎《おろそ》かになれば、事故の原因になりかねない。

また、見えただの気になるだの、その都度ラインを停めていてはキリがない。

と、このへんは建前で、本音は別にある。

作業をしながら怖い話をすると、もっとあからさまに〈支障が出る〉のである。

「だからもうね、怪談禁止よ。そういう連中が工場内にいるのはもう皆分かってるし、何人も気付いていもいるけど、その話を始めると途端に機械が停止したり、製品不良が出たりしてラインが停まる訳よ。怪談しながらだと百発百中でさ」

要するに生産効率が本当に落ちる。

「そういうの査定に響くじゃん。幽霊よりそっちが怖い訳よ。だから、仕事中は怪談禁止って訳で」

企業誘致で建てられた工場だが、土地に曰くがあるという話は聞いたことがない。

工場ができてから死人が出るような事故が、というような前日譚もない。

何処からやってきて、何故居着いているのかもさっぱり分からないのだが、白い見学者達は今日も工場内を彷徨いている。

しげしげと装置を眺め、ライン工達を見つめている。

「工場見学だと思えば気にもならないだろ」

とにかく気にしないことだ。

それしかない。

祈り篤き所に神は宿る

既に飽和状態になっている地域では、新たな顧客を発見するのは難しい。

別のサービスを既に受けている顧客は、大抵は今あるものにあまり大きな不満を持っていないか新しいサービスに懐疑的であり、変化を疎う。

だから、手つかずの地域、サービスに触れていない地域などに展開して、新たな顧客を開拓する。

……というのはビジネスの基本なのだろうが、この辺りは宗教団体でもあまり変わらないものらしい。

特に後発の……つまりは新興の宗教団体の場合、既存の宗教が定着しきっている場所ではなかなか信者を増やせないため、新しい地域への積極開拓が信者獲得に非常に重要なのだという。

これが会社ならば、業務命令で出向、赴任。費用は全部会社持ち、となるところなのだが、宗教団体ではそれは異なる。大抵は信者の持ち出しか現地調達で、本部からはせいぜい住居の斡旋《あっせん》程度までしか行われない。

こうした自腹実費による信者獲得のための宣教活動、布教活動のことを、彼らは「必要の大きなところへ行く」と呼んでいた。恐らく隠語の一種だろうと思われる。

宣教活動は地道なもので浸透工作は長期に亘る。誰かを標的に、畳みかければすぐに落とせるというものでもないので、その土地に根を下ろし、警戒心を解かせるのにも時間が掛かるのだ。

このため、大抵は二人一組での派遣となる。

これは仲の良い女子二人が、コンビを組む形になることが多いという。若い女子二人なら男同士の二人組に比べてルームシェアをしていても怪しくないし、男同士や男女ペアよりも「日常を仲良く過ごせる」ということらしい。

人間関係に入り込んでいくことが重要な宣教活動は、同時に二人一組で説得したほうが落としやすい。それも「若い女子」というのは警戒心を解かせ、懐柔もしやすくなる。色々な意味で「助け合い」「相互扶助」もしやすくなる。

あくまで宣教活動が目的の派遣であるから、空いた時間の全てを信仰と宣教に費やすのであるが、それだけでは暮らしていけない。このため、二人一組で暮らしながら、現地でパートやアルバイトの仕事を見つけて自活する。生活費以外に掛かる様々な宣教活動費や、団体への信徒としての寄付、喜捨まで踏まえるとてもお金が足りない。

故に住む家、部屋などに掛かる費用は真っ先に削ることになる。安普請の家、格別に家賃の安い部屋、相場に比べて値引きの大きい部屋などなど。

何しろ、宣教に取り組む信仰の徒であるから、神の加護に対する信頼が揺るぎない。曰くのありそうな部屋など何のその、である。

ある地域に派遣された女子二人組は、この教団内でもとびきり優秀であった。

見目もよく人当たりもよい。信仰に篤く熱心であり、他の「必要が大きかった地域」でも多くの信者を集めるなど、その手腕は確かなものだった。

だが、どういう訳なのか、新たな任地では従前と違ってうまくいかなかった。

パートのスケジュールの都合であったり、宣教のやりとりについてであったり、神の教えについての解釈であったり、ひとつひとつは些細なことから始まるのだが、どうにも諍《いさか》いの種が収まらない。

仲違いはいずれ明確な対立に、そしてそれとはっきり分かる喧嘩に発展した。

知らぬ仲ではない。お互いに気心も知れている。昨日今日の急拵えの間柄ではない。

他聞に漏れず大抵の宗教というのは、善隣との関係性を大切にするよう説く。

譲り合え、互いを思い合え、赦し合え、善意を持って当たれ。

それらは彼女らにとって信仰の基本であり、特に宣教に当たるものにとっては大切なものでもあったはずだった。

多少の不満があるなら、そのときは溜め込まず告白し合って赦し合おう。

それが彼女らの教えであったはず。

ところが、そういった鷹揚《おうよう》は彼女ら二人の間からは微塵もなくなってしまった。

彼女らなりに、どうにか解決を試みようとはしたらしい。

祈りの時間を増やしてみたり、またそれぞれが本部の司教に相談を持ちかけたりもしたらしいが、事態の解決には至らなかった。

「部屋に帰るとともかくイライラしてしまうのです。祈り、お縋りしても逃れることができなかったのです」

二人は口を揃えて言う。

自分の神への信仰が足りないせいだろうか、と悩み抜いたが、結局コンビを解散することになった。

挙げ句、二人とも信仰も捨て、赴任先の何もかもを投げ出してそれぞれの故郷に帰ってしまった。

特に信仰に篤いことで知られていた二人だけに、教団本部も驚きを隠せなかったという。

彼女ら二人が赴任してきたとき部屋の斡旋などを手伝った地元の信徒が、残されたアパートの後片付けを請け負った。

部屋に荷物はさほどなく、信仰に根ざした静かな暮らしを送っていたことは分かる。

奥の和室の荷物を片付けようと襖を開くと、襖の裏には大量のお札がびっしりと貼り付けられていた。

その中に、教団の信仰する神のものはなかった、という。

目と目で通じ合う

平日の昼下がり、田端さんは新宿の交差点で信号待ちをしていた。

ビルの建ち並ぶ大通りは車通りも人通りも多く、こちらにも通りの向こうにも赤信号が変わるのを待つ人々でごった返している。

と、長い信号待ちに飽いて、通りの反対側にあるビルを見上げた。

十数階建てのオフィスビルの上層階で何か動いたような気がした。

目を凝らすと、通りに面した窓の下辺りに蠢《うごめ》くものがある。

それはもぞもぞと動いて長く垂れ下がった。

……人か。

人だ。人が窓から身を乗り出し、頭を下にぶら下がっている。

そう認識した。

その直後、人の身体は窓からずるりと落ちた。

「あっ」

やりやがった！

飛び降り自殺か、それとも事故か。はたまた故意の殺人か。

それは分からないが、長い髪を翻《ひるがえ》しながら頭から真っ逆さまに地上に落ちていったのは間違いない。こちらに背中を向けていたので、女なのか男なのか性別は分からない。

そいつは信号待ちの通行人の只中に落ちた。

バシッ、という水袋がコンクリに叩き付けられたような嫌な音も聞こえた。

うまく隙間に落ちたのか、通行人の背後に落ちたのかは分からない。

分からないが、誰も声を上げない。

こちら側からは一部始終が見えていたはずだが、特に気にする声はない。

どころか、至近に人体が落下してきたであろう人々も、特にどうという動きがない。

そこで信号が青に変わった。

人が落ちたことは疑いもない。この目で見たのだ。

横断歩道を小走りに渡りきり、落下地点を見回した。

窓の位置を踏まえるなら、落ちた場所はここに間違いない。

だが、誰もいない。

血痕も脳漿《のうしょう》もない。

周囲を見回しても、それらしきものは見当たらない。

そんな馬鹿な。だって、確かに……。

間違いなく、窓からは落ちた。それは見間違いではなかったはずなのだ。

ビルを見上げると、下辺だけがうっすら開いた窓が見えた。

窓の奥からこちらを見下ろす目が見えた。

真っ暗な窓の奥には、ぎょろりとしたその目玉がふたつあるだけで、顔のようなものは見えない。

見上げるこちらと視線が交わった刹那《せつな》、そいつは窓の奥に引っ込んでしまった。

あっちも見えているのか、何か事情を知っているのか。

それとも、窓の奥のアレも――。

内房線

「そういうお話お好きでしたら、御紹介しますよ」

と、不動産屋の笠間兄弟に紹介されたのが、田端さんである。

田端さんは、駅から少し離れた住宅街の中に最近できた小料理屋の店主を務めている。

「何でも聞いて下さいよ。あっ、じゃあ千葉の話しましょうか」

以下、田端さんが中学生の頃、のお話。


千葉県の館山に親戚の家があった。

歳の近い従兄弟がいて、泊まりがけで遊びに行くと色々構ってくれた。

この日は、親戚のおじさんが小遣いをくれると言い出した。

「せっかく遊びにきたんだからよ、小遣いくらいパアッとくれてやるよ」

酒も入って上機嫌だったおじさんは、気前よく言った。

「おまえらもう中学生なんだし、百円、千円貰ったって大して嬉しかねえだろ。だからな、おいちゃんがパーッと、一万円くれてやるわ」

一万円、と聞いて田端さん達は俄に色めき立った。

これは今から大体三十年以上は昔の話ではあるのだが、それにしたって当時の中学生の小遣いで一万円は破格である。

両手を差し出しておじさんの財布が開くのを今か今かと待ち受けていると、おじさんはこう続けた。

「実はな、おいちゃん昼間に一万円隠してきたんだわ。近所の神社の賽銭《さいせん》箱んとこにな。これから取りにいくけど、付いてきた奴にくれてやるよ」

つまりこれは、「今から肝試しに行く。一万円の小遣いは参加賞だ」ということだ。

晩飯を済ませ、大人達に適度に酒が回るような時間である。

そして、周囲は畑の合間に民家が点在するようなうら寂しい土地柄である。

田端さんが生まれ育った東京都内のように、二十四時間どこもかしこも明るく照らされ人で賑わっているような場所でもない。

おじさんの意図は定かでないが、「都心から遊びにきた甥っ子どもを、暗がりで脅かしてやろう」という魂胆なのだろう。

子供達だけで歩かせるならともかく、おじさんも同行するならそれほど危ないこともないだろう――という計算も咄嗟に働いたが、何より一万円の魅力に勝てなかった。

泊まっていた民宿を出て、先導するおじさんに従兄弟共々付いていく。

暗い夜道を暫く行くと内房線が見えてきた。

ひっきりなしの電車の往来で踏み切りが閉まりっぱなしの都心とは違い、列車の近付く気配のない線路はまるで廃線のようにすら思える。

踏み切りを越えてすぐ、左に折れる。線路に沿って続く未舗装の道をまっすぐに進む。

最初のうちはテレビの話やマンガの話で盛りあがっていた従兄弟達も、だんだんと口数が少なくなっていった。

暫く進むと道路は二叉に分かれた。

おじさんは迷わず右へ進む。

それまでは人の気配がないとはいえ人の手が入った畑の脇を歩いてきたが、ここへきて周囲の雰囲気が俄然変わった。

立ち止まっていると、おじさんが促した。

「どうした、怖いか。一万円はもうこの先だぞ」

萎えかけた気持ちを「一万円」という言葉が奮い立たせる。

心細さから足下ばかりを見ていた田端さんは、グッと顔を上げた。

森というのか林というのか、神社に続く小径は道の両脇に深く生い茂る樹木が覆い被さって、樹々のアーケードかトンネルのようになっていた。

その樹木のアーケードの上に人影があった。

白い着物を着た、壮年から老境に差し掛かったくらいの老婆。

ゆらゆらと揺れながら、何かくぐもった声で呟いている。

経か、呪いかと思ったが、それは子守歌だと分かった。

老婆はその懐に赤子を抱いていたからだ。

言葉を失った田端さんの視線の先を、従兄弟も、おじさんも追った。

そして彼らもまた言葉を失った。

「何だ、あの婆さん……」

おじさんの口を衝いて言葉が漏れた。

そして確信した。気のせいでも見間違いでもない。

老婆はそこに——木の上にいる。


真っ先に走り出したのはおじさんだった。

従兄弟も田端さんも弾かれたようにおじさんの後を付いて走る。

ヤベエものを見た。

何で婆さんが、何であんな木の上に、どうやって、何でこんな時間に、何で赤ん坊。人だったけど、たぶん人じゃない。

色々な憶測が頭の中を過ぎる。

自分一人だけが見たのなら気のせいかもしれないが、全員が見たなら自分一人の見間違いじゃない。あれはいたのだ——という気持ちと、全員が見たのだからあれは人であるはずだ、という気持ちが綯《な》い交《ま》ぜになって襲いかかる。

ただ、驚いて怖くて、皆走った。

おじさんも怖かったのだろうと思うが、元来た道を戻らずに神社に向かって全力疾走していた。怖かった以上に一万円が惜しかったのかもしれない。従兄弟も田端さんも、そこは同感だった。

もうこうなったら一刻も早く一万円を見つけて、お開きにしたい。

全員の気持ちはひとつだった。

樹木のアーケードを抜けて神社までは、そう時間は掛からなかった。

「おじさん！　一万……賽銭箱って何処！」

「もうすぐだ！　鳥居潜って、その先の……」

参道の入り口までできたところで、おじさんが言葉の続きを呑み込んだ。

参道の脇に、小さな像があった。一見して地蔵のようでもあり、道祖神のようでもあり、何かの顕彰碑か、祈念像か、夜目にはよく分からない。

が、その像の前にしゃがみ込んでいる人影があった。

境内に灯りはなく、参道にも明かりはない。

僅かな月明かりも、樹々に囲まれたこの参道には届かない。

そのはずなのに、夜更け過ぎに似つかわしくない参拝客の姿が、やけにくっきりと浮かび上がる。

それは——白い着物を着ている。

それは——女である。

それは——髪を振り乱した、老婆である。

先程、樹上で子守歌を口ずさんでいた、あの老婆である。

一体、いつここに来たのか。

ここまで一本道のはずで、自分達が駆け出したとき老婆はまだ樹上にいたはずで、自分達は誰ともすれ違わず、誰からも追い越されなかったはずで。

脳髄がかき乱されるような混乱を覚えた。

樹上にいた折には、老婆の髪は丁寧に結い上げられてあったように思う。

その髪が解けて蓬《おぼろ》に乱れた様に、言いしれぬ恐怖が込み上げてきた。

そして老婆は、とても老人とは思えないような俊敏さで立ち上がった。

と、同時にこちらを振り向く。

人の顔というものは、ここまで凄まじく歪むものなのか。

何を恨めばここまでの形相に成り果てるのか。

二の句を継ぐことも、何かに例えることもできないほどのそれは、明らかに田端さん達一行に向けられていた。

そこから先のことは、記憶が少し曖昧になる。

あれほど執着した一万円のことは、もう誰も口に出さなかった。

参道を、樹木のアーケードを、来た道を、畑の只中を、踏み切りを、一目散に走った。

息が続かなくなるほどの距離だったはずだが、音を上げた記憶も泣き言を言って足を止めた記憶もない。

ただ走って、ただ逃げた。

泊まっていた民宿に全員、逃げ戻るまでの間、どのくらい掛かったかあまり覚えていないが、汗だくで駆け込んできた田端さん達に、宿の人々も驚いた。

事の次第、全員が全員とも老婆を見たことを喘ぎながら語ると、宿の人々は嘆息した。

「何で肝試しなんかしたの……」

あの鉄道——内房線の開業と縁がある話が、前段としてあった。

明治四十五年に蘇我‐姉ヶ崎駅間で木更津線として開業した鉄道は、その後延伸を続け館山駅ができたのは大正八年。安房鴨川まで延伸された房総線と接続し、内房線として全通したのは昭和四年になるという。

当時、できたばかりの鉄道は、畑以外何もない平野を農道を横切る形で敷設された。

もちろん、農道はただざっくりと分断されただけで、今日のような踏み切りは当然備えられていなかった。列車の本数そのものが現代よりずっと少なく、黒煙を吐き出しながら近付いてくる機関車は遠目にも分かったから、踏み切りなどというものはまだ必要もない時代だった、とも言える。

鉄道という最新鋭の乗り物が片田舎だった館山の土地を疾走する様は、人々にとってさぞや驚愕と憧憬の的であったろう。

馬より早いと聞く鉄道と競争をしてみたくなったり、間近で鉄道というものを見てみたくなったり、或いは鉄道というものについてタカを括ってみたり。

その理由が何だったのかはもはや知る由もないが、田端さん達が渡った踏み切り。

そこで、人が死んでいるのだという。

踏み切りなどない時代。迫り来る機関車の前に飛び出すようにして線路を横切ろうとした、老いた乳母とその乳母の懐に抱かれた赤子は、機関車に轢《ひ》かれて死んだ。

その大きな動輪に巻き込まれ、手足は砕かれすり潰され、脂肪が捲れ上がり、原形を留めない肉塊に成り果てて死んだ。

その惨状たるや、凄まじいものであった。

「まあ、それから……今の踏み切りの辺りに、赤ん坊を抱いた婆さんの幽霊が出るようになったって、もっぱら噂になってな。俺も見た、俺も見たって人が後を絶たなくて、仕方なくなってそれを弔うために地蔵を建てたんだと。あそこの神社にあったのはそれだ」

肝試しなんて罰当たりなことするから、と田端さん達は散々に叱られた。

以後、田端さんは「視える」ようになってしまった。

夜景の前景

「国道269号をまっすぐ北に行く途中に何があるか知ってる？」

というような感じで話を振るのがいいらしい。

地元の人間でも、すぐには答えが出てこない。

「途中で旧道と新道に分かれてるんだけどさあ」

トンネルが旧道で、橋が新道。

トンネルのほうは車が立ち入れない。新道ができてからは忘れ去られている。徒歩で通りかかるようなところでもないから、特に若い子は旧道の存在をあまり知らない。

ただ、そこが事故が多い場所だということは、何となく知っている。

見通しのいい道なのに、どういう訳だか事故るのだ、と。

「だから、祟られてるんじゃないかって。いっぺん、見に行ってみない？」

ここまで話を振れば、女の子をドライブに誘い出しやすい。

「旧道のトンネルさあ、凄いんだって」

「トンネルの壁面に、顔が出るんだって。ごっそり、たくさん」

「何が」

やだあ、と女の子が声を上げる。怖がっているが嫌がっている風でもない。

とはいえ、夜の夜中にそんなところまで歩いていくのは止めておく。

まあ、本当に出たって何人かから聞いてるけど、女の子に本気でドン引かれたら次は誘えなくなるし、本当に何かあったら自分だって怖い。

だから、旧道の話は「本当に怖いんだぜ」と脅かすくらいにしておく。

祟られてる、という噂が多い割に、新道の橋のほうは特に何もない。橋の手前辺りに石材屋があるくらいだ。墓石のサンプルが堆《うずたか》く積まれているが、車で横を通過する分には大して怖くはない。大丈夫だ。

ハンドルを切って、脇道から山を少し登る。

音楽を掛けながらお喋りをして、怪談なんかして脅かして、それからちょっとロマンティックな雰囲気を作ったりなんかして。

「この道を上がった先に、夜景が綺麗なところがあるんだよね」

と言っても、整備された展望台がある訳ではない。

カーブに沿って谷側に少し張り出した車一台分がやっとくらいの駐車スペースである。

ガードレールを擦るギリギリくらいまで車を寄せれば、何とか通行の邪魔にはならないかな、というくらい。

それでも、国道から逸れたこんな山道を、こんな時間に走る者などまずいないから、車の灯りを消してしまえば、車窓からの夜景を楽しむ大人の時間の演出くらいすぐできる。

なんだったら、このまま行くとこまで行ってしまうというのもアリかもしれない。

女の子はさっきから言葉を一言も発さない。

肩に手を回すと、少し震えている。

緊張しているのかい――気障《きざ》な台詞のひとつも捻り出そうかと思いながら、夜景を見つめる彼女の視線の先を見る。

車窓の下の辺りで何か揺れているようだが、何だろう。

草かな。

そのとき、ガードレールと車窓の間、五センチもないような隙間から人間の顔がずるりと現れた。

東京タワー

スカイツリーが建つよりだいぶ前、携帯電話がまだ世の中に一般化していなかったぐらいの頃の話。

七海さんは当時付き合っていた彼氏とドライブデートを楽しんでいた。

当時は東京湾岸沿いが流行の発信源で、首都高を乗り継いで走るルートをカップルの車が往来するのも珍しくはなかった。

銀座近くまで来ると、ビルの谷間の間に東京タワーが見えた。

「そういえば、久しく来てなかったな」

彼氏が呟く。

東京都内やその周辺に住んでいる人は誰でも東京タワーに親しんでいる、とは限らない。近すぎて、当たり前すぎて行かない人のほうが多いし、東京に親しんでいる人ほど「田舎から出てきた観光客に混じってタワーに上る」のを良しとしなかったりもする。

彼氏は七海さんの同意を得る前に、日比谷方面にハンドルを切った。

「東京タワー、久しぶりに行こうよ」

そう切り出したときには、もう車は東京タワーの間近に迫っていた。

本当のことを言うと、七海さんは東京タワーには行きたくなかった。もっと言えば、日比谷に近寄ることも気乗りしなかった。雰囲気が苦手なのである。

が、せっかく彼氏が乗り気になっているところに水を差すと、デートの雰囲気が悪くなるのでは、という気持ちもある。

少しくらいなら我慢すればいいか、と諦めた。

東京タワーの駐車場に彼氏の車を乗り入れる。休日だったが、運良くすぐに空きスペースが見つかった。

先に下りなよ、と促された。

このとき､何だかざわざわして落ち着かない気がしたのだが､七海さんは「まあいいか」と助手席のドアを開け、車の前側に向かって一歩踏み出した。

その瞬間、七海さんは転倒した。

いや、転ぶなどという生やさしいものではなく、前のめりに吹っ飛んだ。

二メートルほども飛んだ。いや、飛ばされた。

背後から突然、突き飛ばされたのである。

何が起こったのかさっぱり分からなかった。

コンクリートに叩き付けられ痛みに呻いていると、彼氏が叫んだ。

「危ない！」

既に転んだ後だというのに——？

その叫びと同時に、倒れた七海さんの頭すれすれの所を轟音と風圧が通り過ぎた。

キキキッ！　とコンクリートの上をタイヤが軋んで滑る音が続く。

駐車場にたまたま入ってきた大型四駆車《SUV》が、倒れた彼女を避けてブレーキを掛けたのだ。

寸でのところで四駆のドライバーが倒れた彼女に気付いてハンドルを切ったお陰で事なきを得たが、危うく轢かれるところだった。

本気で心臓が止まるかと思った。

「大丈夫か！」

彼氏は咄嗟に駆け寄ってきて七海さんを抱き起こした。

幸い四駆には轢かれなかったものの、両膝を強かに打ち付けた尋常ならざる痛みですぐには立ち上がれなかった。

茫然自失の態に陥っていた七海さんは、違和感を感じた。

足下がスースーする。

見ると、両足とも靴が脱げてしまっていて、素足にストッキングだけになっていた。

転んだ拍子に脱げたのか。

「靴が脱げたのか。何処かに飛んでいっちまったのかな」

彼氏と七海さんが脱げた靴を探して周囲を見回したそのとき、二人の視界にそれが飛び込んできた。

七海さんの靴は、助手席の真下にあった。

この日の履き物はヒールやパンプスではない。

ブーツでこそなかったが、紐靴である。簡単にすっぽ抜けるような靴ではない。

それが両足を揃え、左右綺麗にきちんと並べられてあった。

あれほど強く吹っ飛ばされ、転げ回ったのに、である。

運転席側から車の前側に飛び出して自分の元に直接駆け寄った彼氏の仕業とも考えられない。

そもそも誰が自分を突き飛ばしたのか。

突き飛ばされて転んで、轢かれ損ねて、揃った靴に気付くまで僅かな時間しかなかった。

そして、車の背後には誰もいない。

＊

「……びっくりしたな。でも無事でよかった。怪我は大したことないみたいだね」

七海さんを気遣う彼氏の言葉は、こう続いた。

「じゃあ、行こうか。東京タワー」

驚いた。

「え、でも私、ちょっと怪我してるし……」

確かに出血こそなかったが、膝を痛打している。

東京タワーに入りたくない、これ以上日比谷にいたくないと暗に促したのだが、彼氏は察してくれる様子もなく、意図はまったく通じなかった。

「せっかく来たんだから行こうよ」

彼氏はやはり七海さんの返事を待たず、エレベーターホールに向かって歩いていってしまった。

車のキーは彼氏が持っているし、車内には七海さんの荷物も入っている。

諦めて付いていくしかない。

彼氏の後を付いてエレベーターホールに入った瞬間、七海さんはぞろりとした感覚に襲われた。

休日であったので、自分達以外にも観光客はたくさんいる。

たくさんの人いきれが感じられる。大勢の人によるざわつきに満ちている。

にも拘わらず、エレベーターホールの空気は重く静まり返っているように感じられた。

例えて言うなら、霊園のど真ん中に取り残されているような——。

淀みに囚われるようなどんよりとした感覚。

実は都内には彼女がそう感じられる場所が他にも何カ所かあった。

例えば池袋サンシャインシティの周辺などがそうだ。

日比谷も東京タワーもそうだったことに今更ながら気付いた。

七海さんのそうした〈苦手〉について、彼氏はおよそ無頓着な人だった。見えないし分からないし信じない。七海さんが避けようとするのに気付かないし、直接的に〈説明はできないけど不快〉ということを告げても機嫌を損ねる。

だから、こうした説明できない不快について彼氏に直接訴えるのは避けてきたし、多少のことは我慢してきたのだ。

彼氏はそんな七海さんの葛藤には当然ながら気付いていなかった。

「いやあ、東京タワーなんて子供時代以来だな。何年ぶりだろ」

と懐かしそうにはしゃぐ。

彼氏が楽しいなら、と七海さんはまたしても諦めた。

この嫌な気分が思い過ごしであることを念じ、どろんとした何かに波長を合わせてしまわないよう気遣いながら、二人は展望台に向かうエレベーターに乗り込んだ。

＊

東京タワーのエレベーターには、直通タイプと各階停まりタイプがあった。
二人はタワーの根元にあるビル部分にも停まる〈鈍行〉のエレベーターに乗り込む。
途中の階でエレベーターは停まった。
開いたドアを眺めていたが、誰も乗り込んでこない。
改装中なのか、休日にも拘わらず人の気配もないガランとしたフロアだった。
エレベーターは誰も乗せずドアを閉じ、そのまま最上階に向かった。

＊

最上階——展望台には大勢の観光客が犇《ひし》めいていた。

ただ、エレベーターホールと同じく、歓声を上げて騒ぐ子供や人々の笑い声などのざわめきが確かに聞こえているのにも拘わらず、まったく音が伝わってこないような静けさがある。

まるで廃墟に佇んでいるような、或いは真冬の日本海の風景を眺めているような、索莫《さくばく》とした空気に満ちている。実際にはこんなにも多くの人がいるのに。

視界の右の隅に、女が映り込んだ。

二十代半ばくらいの若い女である。

背中から腰まであリそうな長い黒髪と、膝下まである白いフレンチスリーブワンピースのモノトーンのコントラストは、ほんの一瞬であったけれども強く印象に残った。

右を向いたが、そこに女はいなかった。

というより、女がいたと認識した方向にあったのは、展望台の分厚いガラスである。

周囲を見回してもそれらしい人物は何処にもいない。

一人でいるのが急に恐ろしくなって、人混みに紛れて眼下の風景を眺めていた彼氏の元へ駆け寄った。

彼氏の後を追って歩くのだが、気付くとまた視界の右側の端のほうに女がいる。

先程と同じ、白いワンピースの女である。

振り返るといない。

暫く歩くとまた、視界の隅に白いワンピースがちらつく。

確かにいる。いるはずなのだ。

しかし、振り返るとやはりいない。

これを何度か繰り返した。

「ねえ、もう出ようよ」

彼氏にはっきりとそう訴えた。

ほんの少しと思ってここまで付き合った。

駐車場で危うく轢かれかけ、先程から白いワンピースの女に付け回されている。

もう十分だ。

彼氏は言った。

「蝋《ろう》人形館に行こうよ。せっかくここまで来たんだから、見たい」

そしてやはり、七海さんの同意を引き出す前に歩き始めた。

何故だろう。銀座で東京タワーを見かけて以来、今日はずっとこの調子だ。

それでも断れないのは彼氏に惚れている弱みだからか、それとも別の何かのせいなのか。

七海さんは彼氏の後を仕方なく付いていく。

＊

当時、東京タワーの蝋人形館は結構な人気スポットだった。

造形物のリアルさから、恐怖を催す展示物が特に評判になっていて、チケット売り場ではこれまでのどの場所よりも長い行列ができていた。

これだけ多くの人が並んでいるなら、展示室の中はきっと人が途切れることもないはずだ。それなら多少は気が紛れるだろう。

もはや、彼氏と二人でいるだけでは恐怖心は抑えきれなくなりつつあった。

館内に一歩踏みこむと、まるで魔界のようだった。

評判通りの精緻な造形物がそうした雰囲気を醸し出しているのは、理性では理解できる。

だが、それとは別に個々の人形が、何かの……いや浮遊する異形者の依童になってしまっているのでは、と思われた。

まずいまずいまずいまずいまずい。

ここは評判通りの場所だった。観光スポットとしてだけでなく、巷で囁《ささや》かれる心霊スポットとしても評判通りの場所だった。

ならば目を合わせてはいけない。素知らぬ振りを貫かねばいけない。

内心自分にそう言い聞かせ、彼氏の手を握って順路を進む。

七海さんの身体はどんどん重くなってきていた。

呼吸が苦しい。

これは初めての体験ではない。よくない場所だとされる所、誘われて出かけた心霊スポットとされる場所などで、同様の体験をしたことが何度かある。

走り出したい気持ちを抑えながらも、とにかく今は一刻も早くこの蝋人形館を抜けてしまいたいという思いばかりに支配されていた。

展示内容も頭にさっぱり入ってこないまま彼氏の後を付いて歩くと、順路は次の展示コーナーに移っていた。

そこは、「拷問部屋」をモチーフにした場所だった。

それまで入場者は皆、数珠繋ぎに歩いていた。前を歩いていたグループも、後ろを歩いていたカップルも、すぐ側で気配を感じ取れるほど近くにいた、はずだった。

ところが、拷問部屋に入った途端、それは変わった。

先行するグループは小走りにそこを駆け抜けたのか姿が見えない。後続のカップルはひとつ前の展示に夢中になっているのか、その後の入館者も含め拷問部屋の展示コーナーには誰も入ってこない。

つまり、七海さんと彼氏だけがこの悪意を以ておぞましさを再現したような拷問部屋に取り残されてしまったのだ。

このコーナーに入ってすぐのところに、中世の拷問を再現した人形があった。

拷問を受けている人形の仕草や表情があまりにも生々しく、つい、「うわっ、凄っ。痛そう！」と声を漏らしてしまった。

その瞬間。

「痛っ！」

七海さんの右側頭部に鈍器でガツンと殴りつけたような重い痛みが走った。

無防備な瞬間を狙い澄ましたような一撃に、思わず足下がふらつく。

衝撃を受け瞬間的に殴り飛ばされた頭を思わず押さえる。

一瞬、目を閉じた。

その七海さんの首に突然、圧迫感が襲いかかってきた。

首をぐいぐいと絞めるような。

身体から力が抜け、足が縺《もつ》れ、間近の壁に凭《もた》れ掛かる。

さすがに見かねたのか、彼氏が心配そうに声を掛けてきた。

「どうしたの？」

大丈夫、と答えかけた七海さんは、その言葉を呑み込んだ。

彼氏の背後に女がいる。

あの白いワンピースの女がいる。

身体をほんの少しだけずらし、彼氏の身体に背後から折り重なるように引っ付いている。

拷問部屋を模して作られた蝋人形を最も効果的に恐ろしく見せるために、計算し尽くされた照明。それに照らされた彼氏の陰鬱な影と、いるはずのない女。

七海さんの精神は限界に達しつつあった。

「ごめん。私もう出る」

それだけ言い捨てて、その場を駆け出した。

彼氏を慮《おもんぱか》る余裕などなかった。

拷問部屋の残りの展示など見る余裕はなかったし、一瞥するのすら憚《はばか》られた。

隣室から漏れる明かりを目指して、他の全てから目を逸らして駆ける。

隣室との間を区切る黒い暖簾《のれん》のようなカーテン状の仕切り。

これを潜れば。これを越えれば、と念じながらそこを通過する瞬間、拷問部屋最後の展示物が視界に入った。

見なくてよいものだったし、見たくもなかった。

しかし、強引に意識をもぎ取られるような強制力が働いたとしか思えなかった。

カーテンを潜る寸前、そちらを一瞥する。

そこに、白いワンピースの女がいた。

実体としては、中世の魔女狩りとそれに加えられた拷問を再現した蝋人形である。

水車を半分に断ち割ったような半円形の拷問具に縛り付けられ、顔の右半分が焼けただれている。苦悶の表情を浮かべ、来場者に怨みの念を叩き付けている。

その蝋人形こそが、これまでずっと七海さん達を付け回してきた白いワンピースの女そのものだった。

長い黒髪を振り乱しワンピースを血に染めたその姿はもちろん蝋人形のそれなのだが、同時に展望台や彼氏の背後にいたのも紛れもなくこの女だった。

＊

この時点で彼氏のことは完全に失念していた。

彼がどうなってもよい、のではなく、彼のことを考える余裕が一切なかった。

拷問部屋の後にも続く蝋人形館の展示の全てを無視して飛び出した。

憑かれる。このままここにいたら憑かれる。

出なければ。とにかく、今はここから離れなければ。

下りのエレベーターに飛び乗り、東京タワーから飛び出した。

荷物の全てが置きっぱなしの彼氏の車のところまで、とにかく一気に逃げた。

魔窟からの脱出である。

後を追われているかどうか、確かめる術もなかった。

そして一刻も早くこの場を立ち去りたかったのだが、そのためには車のキーを持つ彼氏と合流しなければならないことに、ここで漸く気付いた。

そういえば、彼氏はどうしているだろう。

先に走っていってしまった自分を心配して探しているだろうか。

デート中に彼女が逃げてしまったら驚きもするだろうし。もしかしたら怒ってるかも。

暫く車の前で待ってみたが、戻ってくる気配はない。

何しろ、まだ携帯電話もスマホもない時代である。

メールもＬＩＮＥも当然ない。ポケベルは当時既にあったが、あれは表示された番号に公衆電話などから電話を掛けて連絡を取るもので、相手が連絡を受けられる電話の近くにいなければ意味がない。そして今はそんなものは持っていない。

逡巡を重ねた末、仕方なく再びチケット売り場まで戻って館内放送を頼んだ。

「連れとはぐれてしまって」

それは半分は方便だが、嘘とも言えない。

暫く待って漸く現れた彼氏は、やはり相応に不機嫌にはなっていた。

だが意外にも、詰問されることはなかった。

彼氏を置いて逃げてしまったのだから、「どうしたんだ、何があった、何故勝手に外に出た」くらいの恨み言は言われるだろうと覚悟していたのだが、そんな言葉はひとつも出てこなかった。

ただ、蝋人形館に入る前に比べ格段に覇気のない表情に変わっていた。

人混みを掻き分けて歩き、もしかしたらはぐれた自分を探して疲労が溜まったのかもしれない。が、それよりも彼氏と重なって張り付いていた白いワンピースの女のことが強く思い出される。やはり何か影響を受けているのではと疑いを向けてしまう。

しかし彼氏も七海さんも、ただ一点では一致していた。

「疲れた。今日はもう帰りたい」

七海さんが絞り出すように言うと、彼氏は無言で頷いた。

*

助手席に乗り込んだ七海さんは、シートベルトを探してもたついていた。

「何を？」

彼氏が急に訊ねてきた。

「え？」

運転席を振り向くと彼氏は怪訝《けげん》そうな表情を七海さんに向けている。

「何をって、何？」

質問に質問で返すと、彼氏は重ねて言った。

「今、『待って』って言ったじゃん。だから『何？』って。何を待つの？」

「私、何も言ってない」

心当たりはまったくない。言っていないし、自分にも聞こえていない。

七海さんが言うと、彼氏は「ふーん」と興味のなさそうな空返事で応えた。

自分から話を振ってきたくせに。

そう思ったが、もうこれ以上は言い返しても無駄なような気がした。

車内に重苦しい空気が満ちる。

彼氏は元々多弁ではなかったが、それでも車のハンドルを握っていればいつも陽気で機嫌のいい人だった。これほど陰鬱《いんうつ》かつ冷淡な態度をあからさまにされたことはこれまでに一度もない。

ただ、彼も疲れていて自分も疲れているからだ、と七海さんは思い込もうとした。様子がおかしいとは思っていたが、気にしないように努めた。

七海さんは、こういうことに縁のある人生を送ってきた。

一方、彼氏はこういうことに無縁であり、興味がなく、見えず、信じておらず、そしてそうした話題が出ることすらも嫌った。否定的で懐疑的だった。

今日、駐車場で起きたこと、タワーの中であったことなど、彼氏に相談することはできなかった。

重苦しい車内の空気をごまかすための話題が思い浮かばないまま、時が過ぎていった。

＊

疲れたのと黙りこくっていたのとで、いつの間にか少しうとうとしていたらしい。

東京タワーの駐車場を出たのが確か十五時過ぎくらい。
そして今、辺りは日暮れ時である。時計を確かめると、十七時を過ぎたところだった。
二人の住む街は神奈川である。
「今、どの辺りまで来たの？」
と声を掛けながら、車窓の外を眺めた。
夕日に照らされたオレンジのビル。
渋滞もなく流れる首都高を走っている。
そして、フロントガラスの右側に東京タワーがある。
待って。
十五時に日比谷を出た。
そして二時間走って十七時。
それでまだ、東京タワーが〈前〉に見える場所にいるはずがない。
「渋滞……はしてないよね」
「あー、うん。何だか逆に入っちゃったみたいでさ」
横浜方面に向かう入り口に乗ったときはまだ起きていた。
走るためだけに首都高にやってくるほどの車好きの彼氏が、高速道路の入り口を間違えるはずがない。

東京タワーを振り切れない。

＊

自宅の近くまで辿り着いた頃には十九時近くになっていた。

いつもなら一緒に夕食を摂ってから送ってもらうのだが、今日はとてもそんな気分になれない。

彼氏には七海さんの家の近くで降ろしてもらった。

今日は、今日だけは家まで付いてきてほしくなかった。

その理由は、車を降りるときに判明した。

車から降り、靴が地面に貼り付いたりしていないことをそろそろと確認し、

「じゃあ、また」

と、憔悴《しょうすい》しきった車内の彼氏に声を掛けた。

そのとき見てしまったのだ。

車中に、真っ黒い何かが渦巻いていたのを。

持ち帰ってしまったのだ、ということを。

彼氏はそういう話が嫌いだから、それ以上何も言えなかった。

言えないまま、彼氏の車が遠ざかっていくのを見送るしかなかった。

その後、暫くの間、彼氏と七海さんの付き合いは続いたが、この日を境に彼氏は東京方面に遊びに行くのを嫌がるようになった。

彼氏と別れるまでの間、それはずっと変わらなかった。

槇《まき》ん家《ち》

エアコン屋の槇が家を買ったらしい。……っていう話を、随分経ってから聞いた。

聞けば、さすがに新築ではなかったようだが、まだ築浅で綺麗な建物だった。

あいつ、まだ独身だろ。それで家か。

と思っていたら、家を買って三カ月くらい過ぎたところで、彼女が転がり込んできて同棲が始まった。

槇の彼女は郁未《いくみ》さんという。

「部屋はたくさんあるから、好きな部屋使っていーよ」

槇の家は二階建てで、二階には寝室の他に二部屋あった。うちひとつは既に槇の趣味のアイテムを詰め込む個室になっていたので、二階のもう一室が郁未さんの部屋になった。

その部屋は、槇が越してきてから彼も特に使っておらず、加えて建物の築年数が浅いこともあって、新築と言っても通りそうなくらい綺麗だった。

日当たりもよく、申し分ない。

「……ねえ、槇っち。何だろこれ」

見ると、壁に一ミリくらいの小さな穴が幾つか並んで空いている。

釘を打って、それを引き抜いたような跡である。

「んー？　ハンガーを吊す釘か、ヒートンでも付けてあったんじゃない？」

ハンガーを吊すにしては高さが半端だったが、「気にしなきゃ平気っしょ」と槇は気にする様子もない。

二人は、後でポスターでも貼ればいいか、と納得した。


郁未さんが暮らし始めて割とすぐの頃。

遅い朝、郁未さんが寝床の中でごろごろと二度寝を楽しんでいると、寝室のドアがバタンと開いた。

「槇っち？　……の、はずはないか」

槇は今朝は早くから仕事に出かけたんだった。だから、ゆっくり二度寝をしていたのだ。

そうだったそうだった、と寝直そうとすると、開いたドアから声が掛かった。

『お茶にしましょう』

年若い女の声だった。

ふわっ!?

一気に目が覚めた。

夏の午前、またしても郁未さんは寝床の中で二度寝を楽しんでいたのだが、階下から女の機械的な声が聞こえた。

『お風呂が沸きました』

ふわっ。

またしても一気に目が覚めた。

槇っち、まだ出かけてないとか？　いや、そんなはずは。だって、今日は遠くの現場だから朝から出かけて……。

そろそろと階下に下りてみる。

槇の姿はなく、周囲に人の気配はない。

風呂場を確認すると、風呂が沸いていた。

スイッチを入れてから、空っぽの湯桶に湯が溜まるまでに掛かる時間は十五分ほど。そして、この風呂にタイマー機能の類はなし。

はて。

どうにも寝室で眠ると呼び起こされるので、郁未さんは一度、自分の部屋でうとうとしてみた。

意識が沈み込みかけたとき、きし、きし、と床を踏む足音が聞こえた。

自分の部屋の中から。

槇は仕事に出かけている。今日も現場だ。

何だろ。やだな。

身を捩って確かめようとしたところで、身体が動かなくなっていることに気付いた。

ふわわっ!? ……あっ、これはイカン。

そう思った矢先、僅かに動く自分の視線の先に、顔があった。

誰かが郁未さんの顔を覗き込んでいる。

性別も年齢も分からないが、ジッとこちらを凝視しているだろうことは分かる。

気付いていないふり、狸寝入りをし続ける。

どうせ動けないのだ。

顔は、身動きを取れずに慌てる郁未さんの狸寝入りを見透かし、確かめているようでもあった。

「槇っち。あの部屋怖いよ」

槇に文句を言ってはみたものの、「でも俺何ともないから分からんのよ」と素気ない。

槇は〈こういうこと〉にはてんで疎く戦力にならないので、郁未さんは自力で何とかするしかないのだった。

ともあれ、こういうことなら実家の母と祖母が詳しいので助言を請うてみると、

「近くの神社を探してお札貰ってきなさい」

と、至極真っ当なアドバイスを得られた。

神社選びには色々基準があるが、家を守ってもらうならやはり「家から一番近いところの神様」にまずは話を通すのが筋というものだ。

早速訪ねて、お札を頂いてきた。

そこの神様の効能が如何ほどかは分からないが、筋は通さねば。

さて、貰ったお札をそのまま貼り付けるというのも無礼であるので、神棚を吊ることにした。

何処かちょうどいいところはないものか、と家中を眺め回る。

これまでのところ一番頻繁に出くわしたのは寝室だが、寝室の中にまでは入ってきていないような気がする。大抵は階下だ。

しかし、鼻先まで顔を近付けて覗き込まれたのは郁未さんの部屋である。

となれば、自分の部屋に祀るしかない。

棚を吊るのにちょうど良さそうな高さ、方位は、と部屋の中をうろうろしているうち見つけたベストなポジションは、というと……その壁には元々穴が空いていた。

あの「何だかよく分からない釘の跡」は、どうやら先住者が同じように神棚を吊っていた痕跡だったのでは――。

ということは、最初の住人がやたらすぐにこの家を売り払ったのも、それと何か関係があるのだろうか。いやもう、ここまで頻繁に現れるってことは、あるんだろうなあ……。

この頃には既に怪しい状況がどんどん積み上がっていたので、何はともあれ同じ場所に神棚を吊り、お札を祀った。

半信半疑ではあったものの効能というのはあるもので、それから暫くの間は何も起きなくなった。

が、その効能も無期限覿面《てきめん》という訳にはいかなかったようで、暫く経つと効果が薄れてきた。

一階のリビングで寛いでいると、何やら窓の外が賑やかしい。

賑やかしいというか、大勢いる。

窓の外には人、人、人、人、人。たぶん、人。

それが皆一様に、室内をジッと見つめているのである。

「ふわっ⁉」

人は、毎回違うものを見たからと言って、毎回違うリアクションは取れないもので、郁未さんは喉の奥から空気を漏らして驚くばかりだった。

窓の外では人――のような気がするものが大勢犇めき合っていた。

それらは窓からリビングを目指して入り込もうとしている。

窓からは困るって。いや、玄関からだって困るけど。

そんな人数、入れないって。一人だけだって困るけど。

幸い、彼らは「入ろう」とはしているものの、「入って」は来られないらしい。

そこは安心したものの、ロメロのゾンビ映画のようにリビングの窓にびたんびたんと張り付かれていては何とも落ち着かない。

「まだ日が高いけど……仕方ないか」

と、雨戸代わりのシャッターを下ろした。

部屋は少々暗くなるが、これで窓の外を見ないで済む。

室内灯の明かりを受けて、窓ガラスに郁未さんの顔が映った。

と思ったら、それは彼女の顔ではなかった。

郁未さんの代わりに映っていたのは、何処の誰とも知れぬ見知らぬおっさん。

不意を突かれたのか、ふへっ、と苦笑している。

あそこに映っているってことは、きっと部屋の中の何処かにいるんだろうなあ。

振り向いたら……いないんだろうなあ。


結論を言うと、この家は翌年の夏に売ってしまった。

槇には相変わらず何も見えないのでどうということはないのだが、郁未さんがあまりにも頻々《ひんぴん》と〈そういうもの達〉に遭遇するので、どうにもしんどくなったのだ。

売買の折、銀行での手続きが必要ということになった。

槇と一緒に臨席した郁未さんが家の権利書類を見せてもらったところ、特記事項として、
字念仏堂
とある。

なるほど、と合点した。

これもう最初から出ると分かってた家だったんだ。

少なくとも前の売り主も神棚を吊り、出没に耐え、そして耐えきれなくなって出ていったのだろう。

槇は家を買ったときに権利書を見ているはずだ。だから、知っていてそれを黙っていた……のではなくて、自分が何も見えないもんだから忘れていたらしい。

酷い話である。

猫追い

郁末さんが家事をしていたところ、可愛がっている猫が興奮気味に廊下を駆け抜けていった。

遊んでいるうちにテンションが上がってしまったのだろう。よくあることだ。

一人遊びをしているのかと思ったのだが、どうも違うようだった。

少年が猫をじゃらして楽しそうに戯れている。

猫はタパタパタパと廊下を駆け、踵《きびす》を返して少年の足にじゃれつく。

少年は我が家の猫がとても気に入っているらしい。

そして猫のほうも少年のことを気に入っているようで、一人と一匹は昔からずっと友達であったかのようにじゃれ合っている。

郁末さんはこの少年の名前を知らない。何処の誰なのかもよくは知らない。

先だって、榛名神社にお詣りに行った後、郁末さんのTシャツの裾を引っぱる者がいて、迷子かなと思って振り向いたのだが誰もいない。

猫と遊ぶ少年が家に現れるようになったのはこの日の後からだったので、恐らく榛名神社で拾ってきてしまったのだろう、とは思う。こういうことは昔からよくあることだったので、別に珍しくも驚きもない。

今のところ猫と戯れる以外に特に害もないので放置している。

猫の後を追いかけて走る少年のその後ろを、郁未さんの祖父がてこてこと歩いて付いていく。祖父は猫も少年共々気に入っているのか、一人と一匹の後を付いて家の中をおぼつかない足取りでうろうろ歩き回っている。

祖父もまた故人である。

添い寝犬

生まれてから二十代の半ばくらいまで、酒匂さんが暮らしていた実家の話。

とにかく騒がしい家だった、という。

――カンッ、カンッ、カンッ、カンッ、カンッ、
夜になると、乾いた音が室内の何処かから聞こえてくる。

これは、木と木を打ち付けるような、拍子木或いは柱を角材で打つような音なのだが、音の出所が分からない。

家中探しても家族の誰に聞いてもそんな音を立てているものはいないのだが、夜になると高い頻度でそういう音が聞こえた。

そのことを家族に「木の音がしない？」と訴えると、部屋にあったステレオの音量が突然最大になったりする。

まるで、木を打つ音をステレオの音量を上げてごまかしているかのようにも思える。

そうかと思えば足音が聞こえたりもする。

誰かが階段を上ってくる。そういう足音が聞こえる。

――ぎっ、ぎっ、ぎっ、
階段の踏み板を踏みながら一段ずつ上ってくる。

あと数段で上りきる……というところまで来ると、足音は突然遠のく。

消えるのではなく、止まるのでもない。

どうやら、上りきる前に一階に戻ってしまうようで、再び一階から上り直す。

これを何度も何度も、夜の間ずっと繰り返すのである。

階段を上りきった足音が自分のところまでやってきたら、と想像するのも恐ろしいが、上りきることができないまま、何度も何度も上り直す足音を聞かされ続けるというのも、それはそれでなかなかに怖い。

もしかしたら、次こそは上りきって自分の寝ている部屋に来るかもしれない。

そう思うと却って気になって仕方がなくなる。

階段を何度も上る足音は、少なくとも酒匂さんが幼稚園児の頃にはいた……聞こえていたというから、成人した後も含めると二十年近くも階段を上り続けていたらしい。

こんな家で幼少を過ごせば、さぞかし怪異に慣れて剛胆になってしまうのだろうと思いきや、酒匂さんはそうはならなかった。

怖いものは怖いのである。

酒匂さんは中学校に上がる頃になっても、夜一人で眠れない有様だった。

とはいえ、中学生にもなって両親いずれかと一緒でなければ眠れないというのも困る。

娘は一人では眠れない。安心できる誰かが一緒にいれば眠れる。

もしかして一緒にいるのは人間でなくてもよいのでは。

散々悩んだ両親は、相談の末に解決策を思いついた。

犬と寝ればよい。

猫は勝手気ままで頼りにならないが、犬なら飼い主を守ってくれるだろうし、猫よりは頼もしいのでは。

酒匂さんが中学校に上がる前の年から犬を飼いだしたところだったのだが、家族皆に慣れているし酒匂さんにも懐いていたから、お守り役としては最適だ。

酒匂さんも犬がいれば心強い。

毎夜、一緒の布団に入ることを繰り返すうち、漸く両親の添い寝から卒業し、一人（と一匹）で眠れるようになった。

例えば家が鳴ったり、軋んだり、何かが階段を上ってきたりすることがあったとしても、

「犬が反応しないならそれは自分の気のせいだ」と済ますことができる。実家の騒がしさに大して変化はなかったが、犬を傍らに置くことで心の持ちようが変わった分、随分楽になった。

犬と一緒に寝るようになって、物音に犬が反応しないときは安心していられたのだが、一度、こんなことがあった。

その日は、真夜中に目が覚めた。

すると、階段を上ってくるいつもの足音が聞こえてきた。

――ぎっ、ぎっ、ぎっ、

一階から上ってきて、あと数段というところまで来るとまた一階に戻って、階段を上り続けるだけのもの。二階には来ないし、下りてもいかない不思議なルールの足音である。二階まで上がってこないことは分かっていたので、無視してそのまま寝てしまうつもりでいた。

ところが、一緒に寝ていたはずの犬がいつの間にか起きだしている。

そして、階段を上る足音が二階に近付いてくるのに合わせて、「わふっ」と吠えた。

吠えたというよりは、「吠えようとはしたが、鳴き声を隠そうとした」といった具合だ。

ついに犬が階段の足音に気付いてしまったのかと思った。

犬に〈何か〉が見えるのだとしたら、「犬が気付かないならこれは気のせい。犬と一緒に寝れば大丈夫」という大前提が崩れてしまう。

もっともこの犬は、これまでに酒匂さんが魘《うな》されていたり金縛りに遭って動けなくなったり、或いは「寝惚けでも見間違いでもない何か」を室内で目撃していても、まったく動じずに素知らぬ顔ですやすや眠る。その意味で、よくよく考えてみると主人を守るという役にはあまり立っていなかった。

だが、このとき「二階まで上がってきた何か」に実は気付いていたのだとするなら。

今まで主人が怖がっているときにまったく無反応だったのは、もしかして見て見ぬ振りをしていたからなのでは、と思えてくる。

この添い寝犬は年に二度ほど一緒に寝るのをどうしても嫌がることがあったが、概ね、添い寝犬としての役目を全うした。

初代・添い寝犬が天寿を全うした後、酒匂さんはやはりすぐに独り寝に耐えられなくなった。

そこで、再び二代目となる添い寝犬を飼うことにした。

程なくやってきた子犬はコロコロとして可愛いので、彼女は部屋で写真を撮りまくった。まだスマホやカメラ付き携帯が出回る前の時代であるので、フィルムカメラである。子犬の可愛さにめろめろになりながら、あらゆる角度から夢中になってシャッターを切った。

そして現像からできあがってきた写真を見て驚いた。

一枚だけ、妙な写真がある。

その写真では、子犬の首輪から下がまったく写っていない。まるで、子犬の生首が宙に浮いているように見える。角度の問題や目の錯覚ではない。ほぼ同じアングルで連続して撮った前後の写真は、問題なく普通に写っているのである。

印画紙に焼き付けるときにミスが生じたのではと疑い、慌ててネガフィルムも確認した。だがネガにも子犬の身体は写っていなかった。

恐怖はもちろんあった。

しかしそれ以上に、「この子は長生きできないのではないか」という残念な予感で一杯になってしまった。

だが、しかし。

こんな可愛い子犬が早々に連れ去られるのを、ただ黙って見ているなどできようか。

子犬の写真を仏壇に置き、盛大に盛り塩をして「この子をお守り下さい」と願った。

酒匂さんがこの騒がしい家に住んでいたのは二十五歳くらいまでで、後に立ち退き問題が生じて引っ越すことになった。

今は別の土地、別の家に住んでおり、酒匂さん一家の新しい生活の中に「正体不明の騒がしさ」はなく、妙な事象も起きなくなった。

引っ越して家から離れたお陰なのか、盛り塩が効いたのか、かつて子犬だった二代目の添い寝犬は今も壮健で、飼い主を寝かしつける大役を担い続けている。

まりちゃん

その日、彼は部屋で本を読んでいた。

ページを捲る音だけが一人で過ごす部屋の中に響く。

ぺらり、ぺらり、と捲る音に混じって声が聞こえる。

「まーりーちゃーん、あーそーぼー」

幼い声である。小学生か、もう少し幼いくらいか。

近所の子供が〈まりちゃん〉を誘いに来たのかな。

微笑ましく思って、またページを捲る。

と、そこで気付いた。

いや、待て。待て待て。

今、夜中の一時過ぎだぞ。

それに、まりちゃんなんてこの近所にはいないぞ。

両隣は男子学生、他の階には老夫婦。少なくとも、「遊びましょー」と呼び出されるような年齢の子供は、この近所で見かけたことがないぞ。

そのことに気付いて、カーテンを捲りサッシ窓を開けた。

外は外灯が弱々しく灯るばかりで、子供の姿は何処にもない。

そうだよな。いる訳ないよな。

納得して窓を閉めようとしたところ、

――ざざざざっ。

歩幅の短い足音が聞こえた。そして、

「まーりーちゃーん、あーそーぼー」

ドキリとして、もう一度耳を澄ませ、窓の外を見回すがやはり人の姿はない。

怖くなったので、今日の読書は切り上げ、しっかり戸締まりをして布団を被った。

その晩、部屋の外からは、何度も何度も〈まーりーちゃーん〉と呼びかける声が聞こえ続けた。

早く返事してやれよ、まりちゃん。

まりちゃんってば

その晩、彼女は割と早めに床に就いた。

すとんと寝落ちしたのでぐっすり眠れるかと思っていたが、深夜二時頃に目が覚めてしまった。

眠りに落ちたときの逆で、スッと覚醒した。ところが身体が動かない。

これは世に言う金縛り。

意識は起きているが、身体が眠っているという奴だろう。どうにか身体を動かせまいか。

動かない身体を動かそうと身を捩っていると、耳元から声が聞こえた。

甲高い子供の声。性別は分からないが、幼い声である。

歓声を上げているようで、笑っているようでもある。

子供が遊びに夢中になったとき、テンションが上がりすぎて言葉とも嬌声とも付かない声を上げることがあるが、大体それに似ている。

誰かの名前を呼んでいるようだ。

「まりちゃーん、まりちゃーん」

部屋の中を走り回りながらその名前を呼んでいる。

室内に〈まりちゃん〉がいるのかいないのか、それに応える声は聞こえない。

まりちゃんを振り向かせようとしているのか、大声で、或いは拗《す》ねたり甘えたりと語調を変えながら同じ名前を呼び続ける子供の声が、ずっと部屋の中の何処かから聞こえているのである。

〈まりちゃん〉が誰かは知らないが、少なくとも自分の名前ではないので放っていたら、不意に不機嫌そうな声が自分の耳元で聞こえた。

「返事してよ」

非常にはっきりした声だった。

そして、〈まりちゃん〉という声掛けが、自分に向けられていたものだということを、はっきり自覚した。

さすがに、このままではまずい、と思った。

そもそも、自分の名前は〈まり〉ではないのである。

相変わらず、身体は動かない。

唇も喉もぴくりともしないので、反論もできない。

「ねえってば！」

業を煮やした声に、こちらも業を煮やして応じた。

心の中で、

(私はまりちゃんじゃない!)

と叫ぶ。

と、同時に、戒められていて動けなかった身体が突然動いた。

〈まりちゃん〉と呼ぶ声は、それっきり聞こえなくなった。

叡山に沈む月

吉田君は高校時代を京都で過ごしている。

周囲を山々に囲まれた京都の地形は、すり鉢の底に例えられることがしばしばある。

洛中は平坦であるようでいてそこかしこに坂道があり、街の外縁部、洛外の山々に近付くに連れてまた坂道になる。

高校からの帰路、吉田君は自転車のペダルを漕いでいた。

長い長い坂道を下っていく。

道の正面、遙か向こうに比叡山が見える。

この日はよく晴れて、月光も目映《まばゆ》かった。

比叡山の上に掛かる満月が非常に大きく見える。

そして、言葉を呑むほどに赤い。赤というよりはオレンジ色に近い。

所謂、ブラッドムーンという奴だ。

低い月は、大気を通して赤い波長が届きやすくなるから赤く見える。比較対象物のある低い夜空では、比べるもののない高い空にあるときよりも大きく見える。

理科の授業でもそんなふうに習った気がする。

自転車が坂道を下る間にも、月はそれとはっきり分かるほどの速さで沈み、比叡山の山頂に飲み込まれるようにして夜空から消えていった。

帰宅してから、吉田君は気付いた。

吉田君は市内にある学校を背にする形で、比叡山に向かって走っていた。

比叡山は、京都市の東、より正確には丑寅——つまり北東の方向にある。

京都市中にあって、月は叡山に落ちることはない。

月は叡山から昇るのである。

あっ。

慌てて夕刊を確かめた。月の入り以前に、そもそも月の出の時間からして違う。

この日の夕刻に比叡山から月が出ることはなかったし、そもそも月齢も合わない。

ただそれだけのことではあるが、それもまた京都ならでは。

未確認新型……機？

この夜、中井一曹は歩哨《ほしょう》当番だった。

日付は十二月二十日頃。

身動《みじろ》ぎひとつ許されない、冬の夜間歩哨はとにかく身も心も堪える。

その中井一曹の視界に、不思議な飛行物体が見えた。

中井一曹は、これを「飛行機である」と認識した。

夜間であったため漆黒の夜空に溶けた機体形状までは分からなかったが、大型のジェット旅客機と似たような配列で、何らかのエンジンからと思しき火炎……のようなものが見えたためだ。

ただ、アフターバーナーを噴かして飛んでいるのでもない限り、ジェットエンジンの後部から火炎や火花が噴出するということは少し考えにくい。

「エンジン……あれがエンジンだと仮定するならですが、エンジンの配列から考えれば主翼の設置角度はたぶん三〇度くらい。メインエンジンとサブエンジンの間隔はこのぐらい」

と言って示したのは、せいぜいが五～六センチ程度である。

「音はまったく聞こえないんです。完全な無音で、視界の左側から右へ、一三〇度くらいの角度で緩やかに上昇しつつ通過していった、という感じですね」

ただ、エンジン後部からの火炎が見えるほど近くであったのに音が聞こえなかったので、これは音速を超えているのでは、と身構えた。

機体の通過後に轟音、爆音が来るのでは、と。

こんな低いところをこんな夜中にフライパスするなんて、何処の所属機だろう。空自機なら、駐屯地付近の住民からまた抗議をねじ込まれるかもしれない。

ところが待てど暮らせど、エンジン音が聞こえてこない。

それどころか、視界の端に消えて完全に見えなくなるまで待っても、完全に無音のままだった。

「確か十二時頃だった、と日報に書いた覚えがあります。目撃者は、自分の他には歩哨当番がもう一人と警衛司令も同じものを目撃していますので、見間違いということはなかったかと思います」

ただ、少し変わった飛行機だとは思った。

左から右へ水平飛行しているなら、こちらから見て奥側になる左翼側が少し詰まって見えたはずだ。しかし、全てのエンジンは均等に見えていた。

つまりあれが飛行機であるなら、中井一曹の見ている側に向けて胴体下部、腹を見せる形で飛行していたことになる。進路変更中の機体機動でなく、ずっと腹を見せる姿勢のままで飛行を続けるのはかなり困難を伴う。というより無理。

では、ジェット旅客機と同じ配列ながら、エンジンと主翼が縦に付いている航空機というようなものは、民間機、空自、陸自、海自を含めた自衛隊機、何なら米軍機にだってない。あれが所属不明機であるのは間違いないにせよ、ロシア、中国、韓国にも類似の機体はない。

「音の聞こえない——完全無音飛行を実現した特殊形状機、というように理解してはいるんですが……あれが本当に飛行機だったのかと言われると、今では自分も少し自信がありません」

ですが、日報に不確かなことは書けませんので……と中井一曹は苦笑する。

石

由利さんは不動産会社にお勤めである。

法人から個人に至るまで、様々な土地建物物件を手広く扱っている。

「由利ちゃんさ、何か備えたりはしてるの」

商談をひとつ終えたところで、馴染みの取引先が雑談交じりに切り出した。

「備え、ですか？」

「そうそう。こういうお仕事だと、何かと色々あるじゃない。面倒なトラブルとか、まあそういうのが」

人間関係やら他人様の財産やらに絡む仕事でもある。面倒なトラブルは確かに避けては通れないところではあるが、それは備えてどうにかなるものでもない気はする。

「ああ、ゲン担ぎとかですね。私そういうのあんまりやってないんですよね」

「えっ。そうなの。よくないよー。何かお守りのひとつも持ちなさいよ」

不動産に関わる人々の中には、確かにそういった縁起に拘る者もいる。実際、地鎮祭から井戸の清めに三隣亡など、この業界はゲン担ぎとはなかなか無縁でいられないし、風水だの御利益にうるさい人も珍しくはない。

だから、この提案というのも馴染みの彼からすれば厚意から出たものなのだろう。

「そうですね。でもほら、嵩張るものは避けたいんですよ。お札とかお守りとか、何処かに忘れてきちゃいそうですし」

「ああ、分かる分かる。人に会う仕事だもんね、由利ちゃん。そうするとあんまり派手なのもダメか。うーん……」

彼はひとしきり首を捻った後、「そうだ」と何か閃いたようだった。

「じゃあさ、石を持ったらいいいんじゃないの」

石——パワーストーンの類なら、確かに具合が良いのかもしれない。

それに、熱心に奨めてくれるものをこれ以上断り続けるのも、却って場の空気を悪くしかねない。今後も取り引きが続くであろう相手であることを考えればなおさらだ。


日を改めて、奨められた石屋を訪ねてみた。

アクセサリーショップというのか、ミネラルショップというのか、店内には自然石のアクセサリーや、未加工の原石のようなものが並んでいた。所謂宝石店や雑貨店とはまた違った味わいの誂《あつら》えだ。

歳若い店主に「何かお守りになるような石が欲しいのですが」と伝えると、店主は手元を休めて頷いた。

「パワーストーンは初めてですか？　一口にパワーストーンと言っても様々な種類がありまして、目的に応じて石を選び分け組み合わせることで、貴方に特別な力を与えてくれるんですよ」

石の種類によって効能が異なるということだったが、それが実際にもたらされる御利益なのか、そういう触れ込みなのかはよく分からない。そもそも何十種類とあるらしいパワーストーンの説明を受けても、御利益の違いが今ひとつ分からない。

ともあれ、「アドバイスに従ってお守りを持つようにしてみましたよ」という話題作りになれば、実効はさておき十分だろう。

「あの……持ち歩けて邪魔にならず、うっかりなくさないようなものにしたいんですが」

「それなら、お数珠にしましょう。手首にぴったり合うくらいの短めのものにすれば、ブレスレットのように身に着けられますし、袖口に隠れる程度のものならちょっとオシャレな装いになりますし」

店主は、選別して小分けされていた抽斗《ひきだし》から、小さな穴の空いた丸く加工された幾つかの小粒の石を取り出すと、それぞれについてのスピリチュアルな効能について語りつつ、手早く数珠の形に仕立て上げた。

「そうそう。こういうものはしまい込んでいても効能が現れないので、必ず常に身に着けるようにして下さい。それで石が貴方を守ってくれると思います」

店主は念入りにそう繰り返した。


それから件の数珠は絶えず身に付けるようにした。

商談中はもちろん、日常生活に於いても店主の言いつけを守った。それとはっきり分かるような効能を感じたことは特になかったし、かといってとりわけ不幸を呼び込むということもなかった。

故に、「ほどほどにうまくいく御利益」が得られているということなのだろう、と納得した。効能は定かでないものだったにせよ、さほど主張は強くないが、色とりどりの小粒の石でできた数珠は気に入っていたし、商談中にちょっとした話題に上げて話を弾ませるくらいの役には立っていた。

そんなある日——由利さんは夢を見た。
見知らぬ中年男が由利さんの前に現れる。

男は由利さんを見下ろし、一言こう言う。

「石を捨てろ」

――石？

夢の中でそう聞き返すが、男はそれ以外のことは何も言わない。

ただ「石を捨てろ」とだけ繰り返す。

目覚めた後も、夢の内容ははっきりと覚えていた。

宝石には興味がなかったので冠婚葬祭で使う程度のものしか持っていなかったし、置物の類も縁がない。そして「石」と言えば、件の数珠しか思い当たらない。

しかし、捨てろ、とはどういうことか。

もしかして、それこそ石のお守りとしての効果が現れているということなのではないか。

日々様々な商談を取り交わす中で、どの商談で関わったのか、どの物件がよくなかったのかまでは分からないものの、何かよろしくないものといつの間にか関わっていたのではないか。

そして、そのよろしくない何かが、自分の数珠を邪魔だと思っているのではないか。

つまり、現在進行形で数珠を邪魔だと思う何かのもたらす厄災を、この石の数珠が未然に防いでくれているのではないか。

由利さんは感心した。

なるほど、パワーストーンとは大したものだ。御利益がちゃんとあるとは。

そうなると、ますます石を手放せなくなった。

捨てるなどとんでもない。


「石を捨てろ」という夢は、その日から絶えることなく続いた。

それこそ、毎晩毎晩同じ中年男が夢の中に現れ、石を捨てろと命じてくる。

それはあまり感情の起伏がなく、懇願するでもなければ畏怖や忌避を露わにするでもない。ただただ、「捨てろ」ということだけを明確に命じてくる。

この男に心当たりはなかった。仕事柄、人の顔を忘れるほうではなかったが、商談で会った記憶もない。むしろ、夢の中であるせいか、中年男であるということ以上に細かいディティールは分からないのだが、それでも毎晩毎夜夢に現れるそれが同じ人物であることは疑いようがなかった。

眠るたびに同じ夢を見せられるというのは精神的に楽なものではなかったはずだが、逆に言えば「石さえ捨てなければ、今以上のことは起きないのだ」という不思議な安心感があった。石は「お守り」であり「防衛線」なのだから、これを捨てずに身に着けている限りは、夢で何度何を言われようと安全だ。

実際、夢を見る以外に実害と言えるほどの実害は起きなかった。


そしてある晩のこと。

いつものように自宅の寝室で床に就いた。

浅い眠りと深い眠りを繰り返すうち、いつものようにいつもの夢を見た。

件の中年男は初めて現れたときからずっと同じように繰り返す。

枕元に立ち、由利さんを覗き込み、そして言う。

「石を捨てろ」

慣れたもので「捨てないわよ」と念じると、夢の中ではもうそれ以上は何も起きない。

そんな夢のやりとりの後、珍しく目が覚めた。

辺りはまだ暗い。

時間を確かめるため身体を捻ろうとしたところで、自分の身体がぴくりとも動かないことに気付いた。

時計代わりの携帯はベッドサイドのテーブルに置いてあったはずだが、身体が動かないことには、それを視界に入れることすらできない。

苦労してどうにか視線を移すと、いつもと異なるものが視界に入った。

自分の隣に、少女がいた。

見知らぬ少女は、まるで添い寝をするように由利さんの隣に寝そべっている。

かといって眠っている訳ではなさそうだった。

見開いた目は由利さんを凝視している。

言葉も悲鳴も、一言も絞り出せなかった。

少女も一言も発さなかった。

あの夢の中の中年男と同様、その表情には感情のようなものは特に浮かんでいなかった。

怒りも怨みも嘲りも困惑も、何もない。

ただ深淵を覗き込むように自分を見つめている。

由利さんは目を逸らすこともできず、その吸い込まれるような視線を浴び続けた。

明かりもない暗い部屋で何故それが少女と分かったのか、何故自分が見つめられていると受け止められたのか、何もかも分からないことだらけだった。

ただ、意識を失うことだけはできなかった。

眠ることも気絶することも許されず、横たわる少女と見つめ合ったまま、朝まで寝床の中で過ごした。

朝になっていることに気付いたとき、漸く身体が動かせるようになった。

少女はいなくなっていたが、いつ部屋から出ていったのかは分からない。

夢ではないはずだ。

微かな眠気と興奮、それと少しばかりの身体の節々の痛みは、自分が真夜中からずっと身動ぎひとつせず起き続けてきたことを証している。

だから、少女は瞬きひとつした瞬間か、朝であることを確認するために視線を逸らしたその一瞬のいずれかにかき消えたということになるし、それ以外は考えられない。

「……一体、何だっていうのよ」

戒めから解放された身体を起こし乱れた髪をかき上げようとしたとき、由利さんはここに至って漸く気付いた。

——石がない。

数珠ごと消え去ってしまっている。

この数週間、文字通り寝食を共にしてきたのだ。眠るときも欠かさず身に着けていたはずのものだ。

寝床の中を探しても、寝具の下を探しても見つからない。

サイドテーブルにも、ダイニングテーブルの上にも、洗面台にも、風呂にも、とにかく思い当たる全ての場所を探してはみたが、結局数珠はそれっきり見つからなかった。

女の子が現れたのはその一度きりで、あれほど続いた「石を捨てろ」と迫られる夢も、この日を境にふっつりと見なくなった。

目下、由利さんの身に差し迫った厄災が起きるということもなかったし、仕事の不都合が押し寄せるというようなことも起きてはいないのだが、どうやら石は持ち去られてしまったままらしい。

じゃあそれで

「夢で見た」という怪談は割と多いのだが、書くのが難しくて実はこれまであまり書いてこなかった。

夢は「過去の体験や、当人の知見が整理される過程で見る」という科学的説明がある。要するに、パソコンで言う所のデフラグが掛かっている最中に、懸念や願望が映像化されて表れる、といった具合だ。

だから、夢で魘されたという話や夢に霊が出たという話の判別は、神ならぬ僕には区別が付かないので、これが何とも扱いが難しい。不徳の致すところである。

が、たまにはいいだろうと思うので、もうひとつ老母の話を書いておく。

ある晩、母はこんな夢を見た。

枕元に、父方の祖父が現れた。と、思ったら祖母も一緒に現れた。

次いで、同じく父方の伯父も現れた。

見る間に、母の知る父方の親族が総登場した。

いずれも随分昔に鬼籍に入った方々ばかりである。

それぞれ一様に何か言いたげであるが、母も夢の中であるので言いたいことを聞き取ることができないでいる。

「何が言いたいの。どうしたいの」

一生懸命語りかけるのだが、結局話は通じなかった、という夢。

これだけであれば、まあそういうこともあるだろう、で終わる話である。

が、目覚めた母がうるさい。

「何かあったんじゃないかしら」

「誰かに何か起きるんじゃないかしら」

「ねえ、何かあるんじゃないかしら」

とにかくうるさいので、

「そんなに気になるなら、父方の本家に問い合わせてみたらいいんじゃない？」

そのように促した。

何ごともないと分かれば安心もするだろう。

本家とは久しく連絡も取っていないが、そんな口実もたまにはよかろう。

ところが、実際に問い合わせてみたところ、

「今、本家の建て替えをしてるんだ。ちょうど家屋敷の取り壊しをやったところだ」

と返事が返ってきた。

なるほどそれだ。

そういうことにしよう。

寿部屋

「相撲部屋、ですか？」

「いえ、違います」

笠間兄弟は都内私鉄沿線で不動産業を営んでいるのだが、兄弟が口を揃えて言う物件がある。

「これは……怪談とかそういうのじゃないと思うんですけどね」

幽霊が出ないいし、呪いでも祟りでもなさそうだから、と兄弟は言う。

「入居すると、必ず結婚退居する部屋があるんですよ」

何ともおめでたい話ではある。それで寿部屋。

話を聞くに、入居者は二十代から四十代くらいまでの女性に限るのだそうだ。

「でも、独身女性が入居するなら、結婚して退室転居っていうのはそう珍しいことでもないんじゃないですか？」

「もちろん退居理由としては珍しい訳じゃないですけど、イマドキは女性の店子さんでも仕事の都合で転勤なさる方もいますし。より条件のいい部屋を見つけたからとか、実家に帰ることになってとか、女性の店子さんの退居理由は、割と多岐に亘るんですよ。本来ならば」

ところが、寿部屋に限って言うと、そうではない。

「入居の時点で独身でも、子供がいるシングルマザーでも、結婚を考えている彼氏がいても、いなくても、というか彼氏そのものがいなくても、全然関係ないんです。とにかく百パーセントの確率で退居理由が結婚なんです」

実際の所の不動産事情として、男性、学生、外国人などに比べて、独身女性に部屋を貸すのは大家の側は安心感があるのだという。部屋を綺麗に使ってくれるし、静かに暮らしてくれることが多い。入退居で揉めることもあまりない。だから、比較的新しいマンションや小規模アパートでは、物件価値が下がりにくいということを期待してなのか、女性限定にしているところも少なくないのだという。

通常、退居理由は特に訊ねないのだが、あまりに続くので「どういった御事情で退居なさるのか、伺ってもよろしいですか？」と訊いたことがある。

すると、その寿部屋に限っては、毎回「結婚することになったので」と返ってくる。

年齢も容姿も趣味や経済状況などにも関係なく、とにかく全員がそうなのである。

「……へえ、何というかおめでたい部屋もあったもんですね」

感心していると、笠間兄弟は重ねて言った。

「いや、それが寿部屋ってひとつだけじゃないんですよ。幾つかあるというか、幾つもあるんです。そういう部屋が」

女性限定で女性が入居すると結婚退居する部屋の他に、一棟まるごと、どの部屋に入っても男女関係なく入居者が結婚退居する物件と、一棟の中からある特定の部屋だけが毎回寿部屋になっている物件など、幾つかのバリエーションがあるらしい。

しかもそれが、同じ町内に何棟も、何部屋もある。

「オーナーが同じって訳でもないんです。部屋の間取りも違うし、築年数も違うし、家賃も違うし……とにかく法則性が全然分からないんですよ」

別に忌事や不幸があって引っ越す訳ではないから、不動産屋的には困る訳ではない。

また、そうした結婚退居の場合、本来の契約年次よりも早めに切り上げての退出になることが多い。つまりは、不動産物件としては回転がいいのであるから、大家にも仲介業者たる不動産屋にとっても、割と好ましいと言えなくもない。

「退居の申し出のとき、『もしかして御結婚ですか』なんて気軽に訊ねると、もう一〇〇パーセントの確率で『何故分かったんですか？』って言われちゃうんですよね。まあ、おめでたい話ですから悪いようにはならないんですが……」

他にも、「必ず高額当選する部屋」「仕事が上向く部屋」など、入居者に必ずよい成果を与えて次々に卒業――というか退居させていく、ツキのある部屋というものが、幾つも実在している。

そういう傾向とかそういうのが多いなどのふわっとしたものではなく、「一〇〇パーセント、常にそうである」というところが、なかなか興味深い。

これらを総じて、笠間兄弟は「寿部屋」と呼んでいる訳だ。

「オバケは出てこないから怪談じゃないとは思うんですけど……座敷童子でも住んでるんですかねえ」

デスベルト

不動産業を営む笠間兄弟に色々お話を伺っていたときの話。

不動産屋の店内には、地域の住宅地図を引き延ばしてコピーし繋ぎ合わせた大きな地図がある。客に物件の場所を教えたりするのに使うものだが、不動産屋という彼らの職業柄か、担当した物件に絡んだお話を伺うときは大抵この地図を指し示しながらの聞き取りになることが多かった。

「そういえば……」

地図を指し示しながら笠間（兄）さんが呟いた。

「いや、色々思い出してて気付いたんですがね。駅の北口にある神社、その西側に道がありますよね」

筆者も毎年末にお札を頂きにいく馴染みの氏神神社である。

「で、この道から、ぐーっと伸びるこの地域なんですが……この辺りは何かと問題のある物件が集中してるんですよね」

駅を起点に、北西に向かって指を滑らせる。

『恐怖箱 閉鎖怪談』で御紹介したウォークインクローゼットに関する怪談の舞台となったマンション、老人の孤独死がやたら頻発するアパート、住民が変死した物件、などなど、聞き取り時に「それはここで」「この話はここで」と指し示された場所は、全てが「駅を起点に北西に向かって延びるベルト状の地帯」に収まっていた。

「これは別に怪談って訳でもなかったですね。ははは」

いや、それは。

震災残話

趣味の乗用機仲間の友人が、走行地からの移動中に話してくれた。

「青森で地質学者をしてる友人がいるんだけどさ」

あー、うん。

「そいつがこないだの震災のとき、現地に調査に行ったんだと」

現地って、東北か。

「うん、そう。それで、地層のずれがどうのとか、断層がどうのとか、そういうのを調べに行った、と。で、そういうの今は昼間しか動けないから、日が暮れる前には引き揚げて宿に戻って、また翌日に朝から出張っていって調査して、ってそういう感じらしい」

へえ。

「それでさ。日中歩き回ってへとへとだから、もう夜なんかはすぐに眠くなっちゃうんで、調べたデータまとめながらうとうとしてたら――」

――ルルル、ルルル、ルルル。

と、携帯電話が鳴った。

眠りに落ちかけていた地質学者の意識が現《うつつ》に引き戻された。

が、表示されているのはアドレスに登録されていない、知らない番号。

何しろまだまだ非常事態の最中である。こんなときだからこそ、普段からの知り合い以外から掛かってくることもあるかもしれない。

そう思って電話に出た。

『……おい、助けろ。早くしろ、早く助けろ。いつまで待たせるんだ。早く助けに来い』

やたら居丈高な老人の声だった。

知り合いではなさそうなのだが、だからといって名乗りもしない。誰に向かって掛けているのかを確かめもしない。

居丈高な命令口調である割に、息が上がっているようにも思える。

切羽詰まっているのかもしれない。

だが、悪戯かもしれない。

逡巡はしたが、結局無視して電話を切った。

「そいつが言うには、表示されてた番号の市外局番が激甚被災地だったらしいんだよな。

電話どころか電力回復してないだろ、って。それで、気持ち悪いから切った、と」

ああ、うん。分かる。

でも、万一悪戯じゃなかったらまずいじゃん。

ところで「こないだ」って、具体的にはいつの話よ。

「先月。五月頭頃だな」

二〇一一年六月のとある車中での会話なのだが、その後、該当する市外局番の地域は帰宅困難地域に指定され、今もその一帯は無人のままらしい。

その後、これと似た話を幾つか聞いたが、「直接の友人の体験談」としては一番古い話なので記録として残しておく。

消防ビデオ

山田氏の勤めている会社が赤坂に本社を移転した。

移転先のビルの管理会社から、本社社員に消防研修を受けるよう通知があったが、これはビデオ研修で免除されるらしい。

「消防ビデオ」と書かれたラベルが貼られた、ＶＨＳのテープを渡された。

当時は、まだまだビデオが主流の時代だったので、大抵誰の家にでもビデオデッキがあった。

このため消防ビデオは、社員がそれぞれ家に持ち帰って見ておくように、と相成った。

ただ、ビデオテープはひとつしかないので、見終えたら次の社員に渡す回覧形式で見ることになった。

社員の半分くらいが見終えたところで、山田氏に順番が回ってきた。

そこそこ長さがあるビデオで、見ても見なくてもバレやしないだろうという気持ちもないではなかったが、後でビデオの内容について質問されたときに、まったく見ていないとさすがにばつが悪い。

この退屈そうな消防ビデオを一人で見たら、山田氏は絶対に寝落ちしてしまう自信があったので、奥さんに付き合わせて二人で見た。

内容は消防の心構えだの、火災発生時の注意事項だのを、専門家と思しき中年男性とアシスタント代わりと思しき女性アナウンサーの二人が語るだけのものであった。

内容も古くさいが、テープの画質もあまりよろしくない。

よほど繰り返し使われてきたものなのか、ノイズも酷く画面が粗く歪む。

「古いビデオやなあ。つーか、テープ噛んだら弁償かな」

内容とは別の意味でヒヤヒヤしながら見ていると、音声のほうもガリガリ言い始め、終いには音は聞こえないわ、画面は完全な砂嵐になるわで、見るに堪えない状態になってしまった。

「これ、テープ壊れてんやろか」

消防研修の内容のほうはまだ全然途中だったので、一度停めてテープを確認しようとビデオデッキに近付いた。

自然、テレビの画面に顔を近付ける格好になる。

すると、デッキに触れるまでもなく、画面が正常な状態に戻った。

「あ、戻っ……」

テレビ画面一杯に映っていたのは——コケシだった。

無表情なコケシのアップが、画面越しにこちらを見ている。

うひっ。

ひゃっ。

山田夫婦は突然のコケシ映像に驚いて仰け反った。

モノクロの陰気くさいコケシは、一瞬だけ映るとまた元の中年と女子アナの会話場面に戻った。

音声もノイズもなく普通に流れている。

「なに、今の」

「悪戯かな。びっくりした」

と驚いていると、また音声にザザザと雑音が混じり始めた。

「おいまたか」

と思う間もなく、再び画面が砂嵐に変わった。

と同時に、再びコケシが。

今度は、ボウリングのピンのように整然と並べられたコケシの群れが画面を埋め尽くすように映っている。

ひはっ。

一度目のコケシの後だったから、多少身構えてはいたのだが、さっきと違うスタイルで出てくるとやはりこちらも声が出てしまう。

モノクロ映像なのは先程と同じなのだが、コケシの群れの胴体は全て斜めを向いていて、その無表情な顔だけが全員、こちら――画面を見つめる山田夫妻のほうを凝視している。

つまり、わざわざ振り向いている。

何だこれ、と思う間もなく、再び画面は退屈な消防研修に戻った。

この後またコケシに変わるのではないかと思うとやきもきして画面から目を離せなかったが、むしろコケシが気になりすぎて消防研修の内容はまったく頭に入ってこない。

「いやあ、びっくりしたわ。何だあのビデオ」

山田氏は、既に見終えている社員に話を振った。

「コケシ映ってたやろ？　何やな、あれ。研修に飽きさせないようにするための演出か何かやろか」

そう聞いて回ったのだが、全員が首を傾げた。

「コケシ……とは？」

「いや、だからコケシ映ってたやろ。気味悪い奴」

最初に見た課長は知らないというし、山田氏の直前に見た同僚も「普通の退屈な消防ビデオだった」と言い張る。

山田氏の次に見たのは開発室長なのだが、数日後に興奮気味にこう言った。

「何、あのコケシ！　気持ち悪いな！」

開発室長の後にビデオを見た社員も口々に、

「びっくりしたわ！　何でコケシが出るん！」

と騒ぐ。

山田氏よりも前に見た面々は、断固として「コケシなんかいない」と言うし、山田氏より後の面々はコケシを見ている。

つまり、山田氏の順番から内容が変わったことになる。テープに悪戯や重ね録りをしたのでは、と疑いを掛けられては堪らないが、原因も思いつかない。

「なあ……最近、何ぞ変わったことってあったっけ」

自分達より後の人々が皆コケシを見ていることについて、やはり我が家に何か原因があったのではと疑った山田氏は、奥さんと家族会議をしてみた。

「最近変わったこと……うーん、アレかな」

そういえば、最近山田氏の母君が田舎から遊びに来たのだが、そのときに「この部屋は殺風景だから置物のひとつくらい置いたらいいのに」と、何だか大層な石を持ってきた。

場所はどこだか忘れたが、何処かの河原で拾ってきた謂われのよく分からない石らしい。

とはいえ、山田家は床の間もないような都会のマンションであるのでどうにも持て余し、そのまま飾らずに放置していた気がする。

「……母ちゃんが持ってきた石、どうしたっけ」

二人で探してみると、それはベランダに置きっぱなしになっていた。

ちょうど、テレビとビデオデッキの真裏だった。

「これかな」

「これやな」

ビデオテープは総務課長がなくしてしまったので、もう見ることはできないとのこと。

ヒヤリハット

たまたま入った哲学堂の近くのバーで聞いた話。

彼はその日、だいぶ仕事が立て込んでいて、帰りがすっかり遅くなってしまった。

深夜の甲州街道を都心に近い自宅に向かってひた走る。

道路は珍しく空いていて、制限速度を盛大にオーバーした車が自分の車をどんどん追い越していく。

本音を言えば、アクセルを深く踏みこんで自分もその速度超過の誘惑に乗ってしまいたかった。そうすれば、信号ひとつ分早く走れるし、家にも予定より早く帰れる。

一台抜かれるたびに、「俺も……」という気持ちが擡《もた》げてくる。

止まった信号が青に変わると、並んだ隣の車がアクセルをグンと踏みこんで急発進した。

釣られてアクセルに載せた右足に力が入る。

車が加速しかけたところで、突然人影が目前に躍り出た。

「あっぶね！」

慌ててブレーキを踏む。

ヘッドライトで照らされた路上に、人影が浮かび上がった。

それは小学生くらいの女の子だった。

緑色のＴシャツに、白いスカート。ビーチサンダル。

頭の上のほうで結んだ細いツインテールで、活発そうな小学生の夏休みの装い、といったところ。

明かりの中で驚いて立ち止まる様は、路上に飛び出した仔猫のように見えた。

小学生も驚いた風で、こちらに頭を下げるとそのまま物陰に走って消えていった。

こんな遅い時間に。最近の小学生の塾通い時間がどんどん遅くなっているっていう話は耳にするが、親も送り迎えしてやれよ、と独りごちる。

まあ、大事にならなくてよかった。

ヒヤリハットの事態をやり過ごし、再び夜の甲州街道をひた走る。

環七辺りを折れて北上し、そこから早稲田通りに入ってまた進む。

およそ一時間近く掛かって中野駅近くまで辿り着き、あともう少しで自宅に着く……というところまで来た。

路地をひとつ折れたところで、何かが車の前に飛び出してきた。

「あっぶね！」

慌ててブレーキを踏む。

ヘッドライトに照らし出されていたのは、小学生くらいの女の子だった。

緑色のTシャツに、白いスカート。ビーチサンダル。

頭の上のほうで結んだ細いツインテールで……。

それは一時間ほど前に甲州街道で轢きかけたのとまったく同じ子供だった。

塾帰り、夏休みの小学生の装いである。


「それいつ頃の話です？」

ホットバタード・ラムのグラスが空きかけたところで、訊ねた。

「ええと、先月かな。十一月の終わりくらい」

「へえ……」

と言って、僕はグラスを置いた。

秘湯

森さんは山奥にある温泉に行きたかった。

できれば秘湯とされるような、人里離れた知る人ぞ知る、みたいな温泉に行きたかった。

そういう憧れはあるものの、秘湯情報に取り立てて詳しい訳でもなかったので、情報収集は雑誌に頼った。

今、オススメの秘湯。注目の秘湯。大人気の秘湯。

そういったコピーが躍る。注目され大人気な時点で既に秘湯ではないのだが、一方で雑誌でオススメされているなら間違いがないはず、とも思う。

週末、雑誌の情報を元に秘湯に向けて一人、車を走らせた。

ただ、如何せん雑誌の情報というのはいい加減というか曖昧なものだった。

秘湯の所在地を記した地図が掲載されているのだが、デザイン重視の地図というのは周囲にランドマークがないような場所に導くためにはイマイチ不向きであった。

要するに地図が分かりにくいのである。

せめて番地住所が分かればスマホの地図アプリやナビアプリで辿り着けもしただろう。

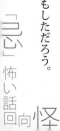

しかし、何しろ目指すところは秘湯である。番地も住所もない山の何処かにあるはずで、これを探し出して辿り着く冒険探検もまた、情緒のうちであろう。

とはいえ、目安となる雑誌の地図を信じるなら言うほどの深山霊峰ではなかったので、すぐに着くだろうとタカを括って車を走らせたのだが、一向に辿り着けない。

何度も同じ道をぐるぐる回り、行って戻りを繰り返すうちに、漸くそれらしい温泉を発見した。

「つ、着いた……」

雑誌で紹介されていた秘湯の名前が刻まれた古びた看板が、半ば草木の中に埋もれるようにしてあった。

さすが秘湯というだけあってか、辺りに人の気配はまったくない。

そしてさすが秘湯というだけあってか、脱衣所も秘湯感に溢れていた。

温泉の湯気に長年当てられた粗末な小屋は苔生《こけむ》していて、室内には煤や土埃で汚れた黴臭い人形が転がっている。いつのものだか分からない古雑誌などが片隅に積まれているが、これもまた湿気を吸って一塊になっており、ページは色とりどりの黴《かび》で貼り付いている。

まるで廃屋のようだ。

さすがにこれには辟易《へきえき》した。

幾ら秘湯とはいえ、雑誌に載るくらいだから小綺麗に整備されているのだろうと思っていたのだが、思いの外、設備が酷い。管理人が常駐している訳でもなく、売店もなければアメニティなど到底望むべくもない。

でも、これこそが秘湯というものではないだろうか。

散々迷って苦労して見つけ出した達成感の前では、この鄙《ひな》びは詫びにも寂びにも見えてくる。

幸い、温泉はとても良かった。

人も獣の姿もなく、滾々と湧き出る温泉の泉質は疲れた肌に心地好かった。

これぞ秘湯。正に秘湯。さすが秘湯。

森さんは満足した。


帰宅後、辿り着くまでのちょっとした冒険譚とエルドラドのような秘湯の素晴らしさを森さんの母に語って聞かせた。

「とにかく道に迷って辿り着いた所が、もう幽玄というか廃屋というか、とにかくこれ以上ないってほどの秘湯感満載だったのよ」

興奮する娘の説明を聞きながら、母は首を傾げた。

「それ、おかしいわよ」

母は、どうやらその秘湯とされた温泉に行ったことがあるらしい。

「そこの温泉の脱衣所は私が前に行ったときはもっと普通に綺麗なところだったし、そんなにうらぶれてなかったよ」

「でも私も散々迷って行って見つけた場所だから……」

「そもそもアンタが行った場所って温泉なんかないはず」

雑誌の地図を見せて説明するが、「場所が違う」と母は譲らない。

それなら、と次の週末に母を連れて例の秘湯を探しに向かった。

ところが、どうにも目指した場所に行き当たらない。

「前に来たときもだいぶ道に迷って」

と言い訳したのだが、今回は迷いもしなかった。

先週と同じ山道を走っている。しかしそこは迷うほど複雑な道ではなく、ほぼ一本道である。あれほど苦労したはずの山道も、先週とはまったく印象が違う。

やがて、秘湯に到着した。

「ほら、ここ。雑誌に載ってるの、ここでしょう。お母さん来たことある」

到着した温泉は森さんが思っていたのとまったく違う場所にあった。設備も綺麗で「雑誌で話題の大人気の秘湯」などと幟《のぼり》が立つような、そんな「普通の秘湯」だった。

あの薄汚れた秘湯感は何処にもなかった。

もう一度、あの秘湯に行ってみたい気もするが、もう二度と辿り着けないような気もしている。

赤城南面道路チャレンジ

群馬県赤城山の南側に赤城南面道路（県道4号）又は赤城白樺ラインと呼ばれる道がある。

前橋市街から延びて赤城山の南斜面の谷間山間を登っていく山岳道路で、勾配のあるカーブを幾つも折り重ねて登っていく道は、峠道を攻めたい人々のメッカでもある。

この道路の途中に、「出る」と噂の電話ボックスがあった。

ひとつはNTT、ひとつは有線用の電話が併設された電話ボックスで、地元のタウン誌などでたびたび紹介されたりしていた。

夜に遊べるスポットがあまり多くない地方在住者は、夜遊びして電車で帰れる都会在住者とは「夜遊び」の内容がだいぶ違う。

川上君の場合もそうで、「行き先は特に決めていないが、車で行けるところに行く」、つまり夜のドライブが、いつもの夜遊びのスタイルだった。

とはいえ、近場で面白そうなところは夜のドライブで大抵行き尽くしているので、後は「走って面白いところ」や「噂のあるところ」などを冷やかすくらいしかない。

この日は友人と一緒に、タウン誌に載っていたという心霊スポットを冷やかしてみよう、と相成った。

赤城南面道路を赤城山頂に向かって登っていくこの道は、走り屋に人気のスポットである。川上君は別に走り屋ではなかったが、夜の山道を走るのはそれはそれでスリルがあって楽しかった。

噂の電話ボックスは道端にぽつんと建っていた。

電話が二回線あることを除けば、取り立てて特徴らしき特徴がある訳でもない。

予め「ここがそうだ」と前情報がなければ、気にも掛けずに通り過ぎてしまっただろう。

車を近付けて外から眺めてみても、特にこれはという異変は見当たらない。

「何だよ、何もねえな」

「あってたまるかよ」

期待は元々していなかったが、拍子抜けして通り過ぎた。上ってくる途中、他の車とは一度もすれ違わなかったが、何処まで行ってもそれは同じだった。

このまま山頂まで行ってもいいのだろうが、行って戻るのにも時間が掛かる。今日の目的は電話ボックスの噂を確かめることだけだったから、「もういいか」と切り上げることにした。

適当なスペースを探してハンドルを切り返し、Uターンして下り車線に戻る。

今来た山道をまた下っていくのだが、やはり他の車とはすれ違わない。

行きに通った例の電話ボックスが近付いてくる。

ふとそちらを見ると、有線電話のほうの電話ボックスの中に若い女がいた。

山中である。

周囲に人家はほぼない。

そして時間は午前三時である。

そしてここまで、誰ともすれ違わなかった。

いや、でももしかしたら、歩いてきたのかもしれない。

そういうこともあるかもしれない、と思いながらも、何かまずいような気がしてスピードを上げた。

助手席に座る友人に訊ねてみた。

「……今、電話ボックスの中に、女の人いた？」

「……うん。いたね」

友人は振り返らず、そしてバックミラーから視線を逸らして前方をガン見したまま、続けた。

「今の人、ちょっと透けてたんだよね」

川上君は、さらにアクセルを踏みこんだ。

バックミラーは一度も見ないまま、家路を急いだ。

御巣鷹山チャレンジ

怖い目に遭ったら、大抵の人は同じ行動を取らない。

恐怖心は警戒心を生み、軽率な行動を控えて慎重さを育む。

怖かった場所には二度と行かず、積極的に危ない所には行かない、とか。

が、肝試しというのか「自分の剛胆さ」を試したり誇ったりしたい気持ちというのか、それとも同行者が怯える様を見て楽しみたいというのか、よせばいいのに積極的に怖い場所に出かけてしまう人がいる。

川上君は、よせばいいのに同期入社の友人とオカルト同好会なるものを結成した。

そして、危ないとか出るとか、そういう噂がある場所を聞きつけると連れ立って出かけていった。

先の電話ボックスにしたって、「見た」「見かけた」という程度である。何とか逃げ切ったし、手を出された訳ではないからどうということはない。

つまりは、「どうということ」が起きるまで試してみたくなったのだ。

「いよいよ我々もランクアップするとき」

噂の域を出ない心霊スポットを幾ら回っても埒が明かない。

ならばここはオカルト同好会として、ガツンと来るものを確かめに行こうじゃないか。

……とばかりに、よせばいいのに、川上君達は群馬周辺から行ける最強スポットとして、全国的にも有名なその場所を選んだ。

御巣鷹山である。

かつて御巣鷹山は、意識して人が登るような山ではなかった。

が、数十年前の日航機墜落事故が山の様相を変えた。

当時を覚えている人々は次第に高齢化しているが、あの頃の報道映像を思い返してみると、道なき道、山の急斜面を、自衛隊、警察、その他の関係者が這い上って事故犠牲者の遺体を集める姿が印象に残り、それこそ「道路」は殆ど見た記憶がない。

その後、御巣鷹山山頂には慰霊碑が作られ、慰霊碑までの間に登山道が整備され、登山道に接続する林道、林道に向かう上信越自動車道の開通によって、そこは人を寄せ付けない場所から、行こうと思えば気軽に行ける場所に変わった。

ちょっと思いついたから、車飛ばして見に行こうか、みたいなことができてしまうようになった結果、「ちょっと思いついたから肝試しに行こうか」という輩を招き寄せる場所になってしまったとも言える。

御巣鷹山は辺鄙《へんぴ》な山奥のように思えるが、前橋辺りから車を走らせるとおよそ二時間半から三時間程度で到着する。夜のドライブには手頃な距離だ。

川上君とオカルト同好会の友人は、妙義山の南、下仁田の辺りを抜けて御巣鷹山を目指した。

道はだんだん細くはなっていくものの、林道は綺麗に舗装された道ばかりで走りやすい。道路が荒れているだの、未舗装で走りにくいだのといったこともない。

言うなれば、観光地の道路を走っているような気分だ。

「冒険が足りないというか、思ったほど怖くないな」

とはいえ、真夜中の林道は明かりもなく気味が悪い場所であることには違いない。

そして夜であるので、景観の変化を楽しむこともできず、また途中に観光名所がある訳でもない。本当にひたすら暗い林道をくねくね走るだけなのである。

そのうちに案の定、飽きてしまった。

気付けば慰霊碑への登山口に向かう道から逸れて、通り過ぎてしまっている。

「もういいよ。飽きた。帰ろうぜ」

友人が音を上げた。

なんだよ、今日は何の収穫もなしかよとボヤキつつ、川上君はUターンできる場所を探した。

結局何もなかった。

それからまた延々林道を下って、人里に下りてきたときに少しホッとした。

手頃なコンビニで買い物をし、車に戻ろうとしたところで気付いた。

車の後部に、爪で引っかいたような痕が山ほど付いていた。

道は舗装されていて、林道も整備されていて、道路に張り出した草木や枝などの障害物はなく、草むらに突っ込んだりもしていない。

じゃあこの、車体の後ろ半分を隈《くま》なく覆う傷痕は何なんだ。

考えても埒が明かないので、オカルト同好会の二人は車に乗り込んだ。

その後、二度と御巣鷹山には行っていない。

庭に兄

一九二五年。大正十四年。

二村君の祖母、サトさんの幼少の時分の話である。

サトさんは豪農の娘として生まれた。広い農地に囲まれた広い庭のある大きな家に、祖父母と両親、それに兄と暮らしていた。

尋常小学校に通っていたサトさんは、学校からの帰り道を歩いていた。

広い敷地と道路を隔てる境界辺りには、梨や葡萄《ぶどう》などの果樹が垣根代わりに植えられていて、樹々の合間から昼下がりの日差しに照らされた家の庭先が見えた。

その樹々の根元辺りに、誰かがしゃがんでいる。

白いシャツ、ズボン。その上に蓑笠《みのがさ》を羽織り、腰の左側に採取籠をぶら下げている。

この辺りではよく見かける、山歩きの定番スタイルだ。

顔は見えなかったが、雰囲気から「兄さんだ」と思った。

兄は、サトさんの家の庭の端で、何やら毟《むし》ったり摘まんだりする動作をして、そのたびに摘まんだ何かを籠に入れている。が、指先には何も見えない。空気を摘まんで籠にねじ込んでいるようにも見えた。

そもそも、あんなところにあるのは雑草くらいであり、山菜も茸も生えてはいない。草むしりにしては採取籠をぶら下げているのがおかしいし、そもそも庭先の草を毟るのに蓑笠やら採取籠やらは如何にも仰々しい。

何をしているのだろう、というのは気になったが声は掛けずに家の中に入った。

手習いの荷物を下ろして庭に出る。

「兄さん？」

しかし返事はなく、兄の姿はもう見えなかった。


日が暮れても兄は帰ってこなかった。

宵が訪れても兄は帰ってこなかった。

兄は総領であったので、跡取りの不在にさすがに父が慌て始めた。

「大事はないとは思うが、人手を頼めないか」

豪農であったので、村人の手を恃《たの》むのは容易であった。

山狩りが始まったが兄は見つからない。

裏山はさして大きな山ではないが、捜索範囲の山をひとつ、ふたつと広げていっても見つからない。

　捜索は深夜に及んだ。

　サトさんは、大人達の騒動が不思議で仕方がなかった。

「父さん、兄さんは昼間、庭におりました。そんなに遠くにはいないはず」

「それならおまえの兄は山でなく、村の外に逃げたとでも言うのか」

　取り合ってもらえず、父と押し問答になりかけたちょうどそのとき、明け方近くになって兄は自力で下山してきた。

　スマホも携帯もない時代であったので無事を知らせる手段もなかったのだが、兄の話によれば道に迷っていたらしい。

「今日は、朝からずっと山に入って山菜を採っていたんだ。日が落ちたら途端に方角が分からなくなって……方々彷徨《さまよ》っていたら遅くなった」

　サトさんは「昼過ぎに家の庭にいなかったか」と兄に訊ねた。

　しかし兄は、

「いや、その頃はちょうどふたつ向こうの山でコゴミの群生地を見つけた時分だったと思う。夢中になって採っていた」

　と首を振る。

山から帰ってきた兄の出で立ちは、白い衣服に蓑笠に採取籠。

正に、サトさんが昼間庭先で見たのとまったく同じスタイルであった。

「庭にいたのは確かに兄さんだった。それは間違いないと思うのだけど、ねえ」

よくあることなので

「よくあることなんですが」

背中を撫でられるのだという。

この日、笠間（兄）さんは奥さんと二人、寝室で寛いでいた。

ベッドに寝転がってテレビを眺めていると、背中を撫でられる。

誰かの指先で脊椎や肩甲骨を撫で擦り、弄くり回される。

笠間さんは奥さんに背中を向ける姿勢で寝転がっているのだが、その悪戯の主は奥さんではない。

実体のない何か、としか言いようがない。それが背中を撫で擦っている。

正体はよくは分からないが、笠間さんにとってはあまり珍しい現象ではないらしい。

これまで実害もなかったから、それ以上は特に気にしないでいた。

くすぐったくて身を捩ると耳元で、

――パチン！

という乾いた音が鳴った。

音と同時に笠間さんの項《うなじ》辺りに猛烈な痛みが走った。

「わっ」

突然のことに驚いて、思わず声が出た。

首を押さえてベッドから転げ落ちた笠間さんは、さすがに奥さんの悪戯かと思って振り向いたのだが、奥さんはキョトンとしている。

「どうしたの？」

「いや、今こう耳元で指パッチンみたいな音がして、首に何か刺さったみたいな痛みが」

奥さんの位置からは、テレビと笠間さんの背中が見えたのだが、別にそれ以外は何も見えなかったし、音だって聞こえなかった、という。

「いや、でも確かに痛かったんだよ」

「やあねえ」

項に仕掛けられたのはこの一度きりだったが、今も背中を撫でる指先は現れている。

よくあることなのだという。

サマーセーター

東京都内、環状七号線沿い小茂根の辺りから池袋に向かって延びる要町通りに入ってすぐのところに、アンダーパスがある。

小学校のグラウンドの真下を通る道路で、さらにこの下には地下鉄の小竹向原駅。

周囲はみっしりと隙間なく住宅街が犇めくこの場所は、夜も昼も交通量の多い道である。


ある冬の日、田端さんは仕事を終えて帰宅する途中だった。

車のハンドルを握り、環七から要町通りへ。

アンダーパスから出てきたところで赤信号に引っ掛かる。

この辺りは駅が近いこともあって、終電と前後する時間にも相応の人通りがある。が、この日はだいぶ時間が遅かったこともあって、人影はほぼなかった。唯一、前方の横断歩道の端に一人、若い女性が立っているくらいだ。

その女性はこの寒いのに薄手のサマーセーターを着ていた。飲み会の帰り道、盛りあがりすぎた挙げ句に酔っ払って、何処かに上着を忘れてきてしまった。そんな様子に見えた。

女性はよほど酒が回っていたのか、それともこんな時間に誰かと待ち合わせでもしているのか、事情はよく分からないが横断歩道の端にぼんやり立ち尽くしたままそこから動こうとしない。

横断歩道の歩行者信号が青に変わっても、点滅を始めても動く気配がない。

まあ、酔っ払った女の一人歩きなどよくあることだ。

進行方向の信号が青に変わる。

田端さんはアクセルを踏みこんで発進した。


暫く走った後、コンビニに入った。

住宅街にあるこの店は、この時間になると殆ど客がいなくなる。

酒とつまみ、あとは雑誌のひとつも買っていこうか。

そんなことを考えながら店内を彷徨いた。

店内に流れている、この曲は何だったたっけ。

流行曲のメロディを鼻歌で追いながら、ふと顔を上げた。

店の隅に鏡があった。

雑誌コーナーの上に設けられた万引き防止用の鏡である。店内の死角を埋める、カーブミラーのように湾曲した凸面鏡だ。

その鏡の中に映っていたのは、自分。

それともう一人、サマーセーターを着た女がいる。

女は、自分の真上にいた。

後ろではなく、自分の頭上辺りに覆い被さるように。

田端さんは身長は高いほうであるので、女の頭の位置を考えるとそいつは身長二メートル以上ということになってしまうのだが、どうも女は宙に浮いているように見えた。

女が映っているのは店内ミラーだけで、表通りに面したガラスには自分の姿しか映っていない。当然ながらというか、期待を裏切ってというか、肩ごしに振り向いた自分の背後に人の姿はない。

そも、自分が入店した後に、他の客は誰一人として入ってきていないはずだ。

もう一度、店内ミラーを一瞥するが、やはり女が田端さんの頭の上に乗っている。

逃げるしかなかった。

振り解くとか、頭を振るとか、そういう仕草程度で追い払えているのかどうか自信はなかったが、とにかくコンビニを出て車に乗り込む。

車を飛ばして、そこから程ない場所にあった自宅まで急いだ。
当時の住処はマンションの八階にあった。
エレベーター……は、ダメだ。逃げ場がなくなる。
それなら階段だ。
田端さんは階段を急ぎ足で上る。
が、しかし、彼の背後からもう一人分の足音が聞こえてきた。
ひたひたと付いてくるそれに追いつかれないよう、小走りに階段を上る。
追いすがるように、誰かの足音が近付いてくる。
八階フロアの自分の部屋に辿り着き、室内に転がり込むようにしてドアを施錠した。
が、間髪を入れず、ドアから異音。
レバーハンドル型のドアノブが、ガチャガチャと鳴る。
ドアスコープから廊下の様子を覗き見るが、ドアの向こうに人影はない。
ないのに、ドアノブは鳴り続けている。
そして、鍵はしっかり掛かっていたにも拘わらず、ドアノブが九十度回転した。
何で動くんだよ！
誰がいるんだよ！

田端さんはすぐさま後輩に電話した。

一人で過ごすのは怖いからである。

後輩には事情を言わず、「とにかく来い来てくれ来て下さい」の一点張りで呼びつけ、一睡もせずに夜を明かした。

てくてく、スタスタ、とことこ

一足目。
夜勤明け、くたくたになって家に帰った。
辺りはとっくに明るくなっている。
何はともあれ寝て起きてから後のことは考えよう。
ベッドに倒れ込んで灯りを消した。
が、カーテンを閉めてあるはずなのに、部屋の中が明るい。
どういうこと？
部屋を見回すと、カーテンが半分開いている。
これか、と身体を起こしたら。
半透明の足が、開いたカーテンに向かって、てくてく歩いていった。

＊

二足目。

表通りを横切っていく足を見た。

青白い足は、一目見て男性の足だと分かった。

足は、スタスタスタスタと当たり前のように歩いて、通りを横切った後に消えた。

一瞬の出来事で、上半身はまったく見えなかった。

*

三足目。

自宅、自室で勉強をしていた。

集中しているつもりなのだが、どうにも圧迫感がある。

……疲れてるのかな。

ここらで一息入れるか、と顔を上げた。

と、目の前に足が浮いていた。

つま先で鼻を蹴られるかと思うくらいに近い。

足はどうやら膝から下だけしかないようで、それが一足分、空中に浮いているのである。

思わず仰け反った。
足は目の前の空中をとことこ歩き始めた。
地面を歩くのとまるで変わらない足取りで宙を歩んだ後、壁にぶちあたった。
足は壁を踏み抜くようにしてめり込み、そのまま壁の中に消えてしまった。

渋谷系

世の中がバブリーに賑わっていた頃、桜川氏は大学に入学したばかりだった。

この日、サークル棟の廊下を歩いていると、何処からかピアノの音色が聞こえてきた。

当時、街中でよく耳にした渋谷系の軽快なポップである。

腕前もなかなかいい。

サークル棟の先に、桜川氏が籍を置いていた軽音サークルの部室があるのだが、件のメロディはそこから零れてきている。

部室に置かれたピアノを誰かが触っているのを見たことはないが、誰でも好きに使っていいとは言われている。

「先輩が来てるのかな」

なかなかの腕前である。

この小さなピアノライブの出所はやはり部室の中であるようで、ドアを開けるとその音色は一層喧《かまびす》しくなった。

入室後も演奏は途絶えなかったが、どうにも様子がおかしい。

部室には人影がない。

ピアノはというと、鍵盤が激しく上下して曲を奏で続けている。

「なんだ。自動演奏ピアノだったのか」

感心したり、ギョッとしたりした自分がばからしくなった。

何処かのお下がりの古びたアップライトピアノだとばかり思っていたが、実はこう見えて案外金が掛かった高級品だったらしい。なるほど、世の中の景気がいいと、大学サークルにまでこんな小洒落た高性能品が。

まじまじと眺めてみるが、演奏は淀みなく続いている。

何処かにスイッチやボタンがあるのだろうかとあちこち覗いてみたが、制御方法が分からない。

今度、どうやって演奏させるのか先輩に聞こう。

「え、自動演奏？」

飲み会のとき、思い切って先輩に聞いてみた。

「部室の自動演奏ピアノ、あれどうやって動かしてるんですか？」

先輩達は互いに顔を見合わせ、ああ、と頷いた。

「またか」

アレはそんないいものと違う、と先輩は言う。

「時々勝手に曲が流れているのは昔からだけど、あれはありふれた安物の中古ピアノでそんないいものじゃないし、自動演奏ピアノとかそんなのじゃないし、どうして曲が流れるのかは誰も知らないし、祟られたとかそういう話も聞かないし、そんなことより大滝詠一と山下達郎の新譜について語り合おうじゃないか」

という話になってしまい、結局のところ部室のピアノが何故今どきの流行りの曲を奏でるのかは分からなかった。

なかなか趣味は悪くない、と思う。

打ち直し

斎藤君のお父さんは布団屋だった。

布団屋と言っても新品の布団を売るばかりが布団屋の商いではない。潰れてへたった古い布団を処分して新品に買い換える人もいるにはいるが、布団などはそう頻繁に買い換える品物でもない。

故に、へたった古布団は〈打ち直し〉をされることのほうが多い。へたって潰れた古い綿を取り出し、新品の綿と入れ替えるのである。布団屋の日常的な、そして馴染みの得意先と顔繋ぎをしていく意味でも大切な仕事だった。

この仕事は得意先を車で回って古布団を引き揚げたり、打ち直した再生品を配送したりしなければならない。布団というのはあれで案外重いものなので、当時中学生だった斎藤君もたまに駆り出されて、お父さんの仕事を手伝っていた。

その日も何軒かの得意先を回った。

行き先は市内、町内など店からさほど遠くない地域で、幾つかは斎藤君も顔なじみの家や、よく通りがかる家などだった。

「じゃあ、今日はあと一軒行ったら終わりにしよう」

夕方近く、遠出した先から町内に戻ってきたところで、お父さんは斎藤君があまり行ったことのない路地に向けてハンドルを切った。

最後に寄ったその家は、古い寺のような佇まいのお屋敷だった。

「こんな豪邸、うちの近所にあったんだ。知らなかったよ」

「なんだおまえ、知らないのか。昔っからあるうちの得意先だぞ」

斎藤君はこの町内には生まれたときから住んでいる。

とはいえ、自宅と学校の間の通学路、よく遊びに行く公園や繁華街、店との往復に使う道以外は「特に用事もない」ので通らない。それ故に、近場であっても見知らぬ場所があるなどはよくあることだ。

立派な構えの門を潜り家の人に声を掛けると、待ちかねたように人が出てきた。

「お疲れ様です。今日はこれをお願い」

今回打ち直す予定の古布団は家人によって用意が済んでいたようで、玄関先まで出されていた。

見た目には、ぺったりと平たくなった煎餅布団で、綿を入れる袋は擦り切れてだいぶ薄くなっている。汚れ、染みも酷い。

「父さん、これ買い換えてもらったほうが早いんじゃないの」

「そうかもしれんが、お客さんは打ち直してくれって言ってんだから、言われた通りにするのがプロってもんだ」

斎藤君はその擦り切れた煎餅布団を持ち上げようと手を掛けた。

見た目には薄く軽そうに見えたそれは、何やらずっしりと重みを感じた気がした。

「では、お預かりしますんで」


方々から預かってきた古布団は、店に持ち帰って早速打ち直しを始める。

まずは布団袋を開いて、古くなった中綿を取り出す。

比較的新しい布団だと極細のファスナーが付いていて、それを開けるだけで中身が取り出せるものもあるが、古い作りの布団は全て縫い付けられているので、縫い糸を解いて中身を取り出さなければならない。

中身を取り出した後、布団袋を綺麗に洗い、真新しい中綿を詰め直す。そして、形を綺麗に整えてできあがり、となる。

「じゃあ、やっていくか」

布団から中綿を抜いて、布団袋を畳んでいく。

順番にこなしていった二人は、最後にお屋敷から引き揚げてきた煎餅布団を作業台の上に広げた。

古い型の布団で、縫い口が何処にあるのか分からない。

お父さんは熟練の手さばきで糸を切り、布団袋を開いた。

「……なんだこりゃあ」

袋の中身を取り出そうとして、お父さんが声を上げた。

布団の中の中綿は、概ね四角く成型された綿がただ詰め込んであるだけだ。

それが普通だ。

しかし、取り出された中綿は様子が違っていた。

綿全体に赤い……赤黒い糸が巻き付けてあった。

それは綿を緊縛拘束しているかのように見えた。

もしくは、綿を搦《から》めて封じているようにも見えた。

まるで叉焼のようだが、実際に巻かれているのは長年使い込まれて硬く平たくなった古綿に過ぎない。

お父さんもこんな妙な布団は見たことがない、と首を捻ったが、ともあれすることは他の布団と同じである。

中綿を布団の中から掻き出した。

そして、中綿は引き取り業者に渡して処分してもらうのだが、このとき綿以外のものは引き取ってもらえないので、糸は取り除いておかなければならない。

お父さんは赤い糸を掴んで、引きちぎった。

ぶぢびぢぶぢぶぢびぢびぢびぢびぢ。

凄く嫌な音がした。極細の綿糸を切る音には思えない。

斎藤君は思わず顔を顰《しか》めた。

と同時に、お父さんが卒倒した。

「父さん？　父さん！」


お父さんは失神していた。

その場で転倒したが、幸い頭は打たずに済んだし怪我もなかった。

程なくして意識を取り戻したお父さんが言うには、

「糸をちぎった途端、目の前が真っ暗になって意識が遠のいたんだ」

結局、件の布団は真新しい綿を詰め直し、お屋敷には何食わぬ顔で届けた。

こちらから文句を言うこともなければ、先方から何かを訊ねられることもない。

きっと何か曰くのある品だったのかもしれないが、先方がそれに気付いていないのか、知っていて黙って寄越したのか、それを確かめたりもしない。

「客に言われたことだけをして、余計な詮索もしないのがプロだから」

例の中綿は、他の家の綿と一緒にひとまとめにして業者に引き取られていったので、その後どうなったかは分からない。

命の水

だいぶだいぶ昔。ざっくり、半世紀くらい昔の話。

小薗さんが小学四年生の頃のこと。

小薗家は三世代同居で、小薗さん、御両親、それに加えて父方の祖母が、同じ家で暮らしていた。

当時、祖母はまだ働きに出るくらいには元気だった。

自らを律するだけでなく躾《しつけ》にも厳しい人で、息子夫婦だけでなく孫娘にも多くのことを教えた。

挨拶、態度、立ち居振る舞いから言葉使い、礼儀作法から家事に至るまで、日々の暮らしの決まり事というものを教え、それを守るように諭した。

さて、若干口喧《やかま》しいこの祖母が、殊の外大切にしているものがあった。

それは一体の人形である。

ガラスケースに収められた日本人形で、精緻に拵えた着物を纏っている。

日本髪を結い、帯を締め、柔和な笑みを浮かべる優雅な立ち姿は、きっと祖母の憧れるところだったのでは、と思われた。

祖母はこの日本人形について、日々あることを欠かさなかった。

それは祖母が〈命の水〉と呼ぶものである。

お猪口に一杯分の水を汲み、それをケースの中に入れておく。ちょうど、御神酒をお供えするような具合である。

水は特別なものではない。蛇口を捻って水道から汲んだ普通の水で良い。

ただし、必ず毎日欠かさずお供えすること。これが大事なのだと祖母は念を押す。

「毎日決められたことを欠かさず続けるんが大事やで」

作り物の人形に水を供えることにどういった意味があるのかは、小薗さんには想像が付かなかった。件の人形は、随分年季の入った古いものであるらしいが、艶めかしくみずみずしい肌は、まるで生きているかのように美しい。きっと、ケースに水を入れておくことで、保水効果か何かがあるのかもしれないけれど、理屈はよく分からない。

「こういうのは理屈やないんよ。言われた通りにきちんとすることが大事」

その年の夏休み、歳の近い従姉妹が泊まりがけで遊びにきた。

今日のように、ゲームだ、ネットだ、と娯楽の多い時代ではなかったから、小薗さんと従姉妹は家の中でできる手慰みのような遊びに夢中になった。おままごとであったり、人形遊びであったりといったものに夢中になっているうちに、祖母の人形が視界に入った。

「あれ、お婆ちゃんのお人形でしょう？」

「そう。とっても綺麗なの」

「見てみたーい」

普段なら何か畏れ多くて触れることなど滅多にないのだが、このときは従姉妹が遊びに来ていたこともあって、昂揚《こうよう》していたのだと思う。

「そうだよね。いつもガラスの檻に閉じこめられていて、お人形さんがかわいそう」

人は何か後ろめたい行為をするときには、自分を正当化する口実を欲するものだ。

人形は日々大切にされていたはずだが、小菌さんはその人形をガラスケースの外に出すことを是とするための理屈を咄嗟に考えた。

「たまには窮屈なガラスの中から外に出て、遊びたいと思うの」

子供の考えつく理屈など高が知れてはいるのだが、「それなら仕方がない」「我々が善いことをしてあげよう」そんな理屈を付けて、彼女達は人形をガラスケースの外に出して、人形遊びを始めた。

とはいえ、瞼や手足が自由に動く人形遊びのための玩具の人形とは異なり、日本人形はポーズを変えることひとつできない。

そこで、着物の裾をまくり上げてみたり、足下から着物の奥を覗いてみたり、自分達が日頃、同級生の男子にされているような辱めを人形にも与えてみた。

自分達もこんなふうにされているんだから。これでお人形も私達と同じ仲間だから。

辱めを与えることで、つんと澄ました人形より、気持ちの上では上に立ったような気分にすらなれた。

祖母に人形遊びがバレてしまう前に、ガラスケースに人形を戻す。

このとき、命の水が空っぽになっているのには気付いていた。

いつもより早く減っているような気もする。

〈命の水がなくなっていることに気付いたら、その都度すぐにお供えするように〉

祖母にはそう躾けられていた。

だが、人形は人形である。水がないから喉が渇くというようなこともないだろうし、自分は触らなかったし気付かなかった、そういうことにしておけばよい。

祖母が帰ったら、きっと水がないことに気付くだろう。

遊び疲れた小薗さん達は、湯を貰いに出かけることにした。

当時、この家には家風呂がなかったので、近所の銭湯を使っていたのだ。従姉妹と連れ立って出かけた銭湯で汗を流し終えた頃には、人形のことなどすっかり忘れていた。

風呂上がりに従姉妹の奢《おご》りでジュースを飲んで、それから家路に就こうと引き戸を潜ると、外は雨が降っていた。

「さっきまで晴れてたのに」

夕立のような強い雨脚は、少しばかり待ってもまるで弱まる気配がない。

仕方なく、銭湯で貸し傘を借りて夜道を歩き始めた。

湯で温めたばかりの身体が、しんしんと冷えていくのを感じ、自然と歩みが早くなる。

暫くいくと、道沿いの一軒家の前に人が立っているのが雨煙の向こうに見えた。

この雨の中、傘も差さずに立ち尽くしている。

ああ、急な雨だったものな。

風雨に煽られないよう、傘を目深に傾けて歩いていく。

傘を少し上げたとき、雨中の人影が着物姿であることに気付いた。

この着物の柄には覚えがある。

足下は足袋を穿いているようだが、草履は履いていない。

いつも見ているもので、つい今し方まで間近に見ていた気がする。

ゆっくりと顔を上げる。
そこにいたのは、祖母の日本人形だった。
その大きさは人形のそれではなく、人間と同じほどもあった。
ただ、その表情は小菌さんが見慣れた人形のいつもの顔とはまったく違っていた。
鬼か。それとも般若か。
猛り狂い、眉間に皺《しわ》を寄せ、眼を眇《すが》めて睨む厳しい形相。
それは明らかに小菌さんに向けられていた。
小菌さんは絞り出すように声を出した。
「ねえ、その着物の人……」
先を歩いていた従姉妹に訴えた。
「何？　どうしたの？」
「そこに、着物の人が。人形と同じ着物の人が」
自分を睨め付ける人形を指差したが、従姉妹は周囲を見回し、首を捻る。
着物の人って。人形って。
従姉妹の視界に、そんなものは見えていないようだった。
話が噛み合わず、信じてもらえない。

恐ろしくなった小薗さんは、従姉妹のスカートの裾をしっかり掴んでやり過ごすことにした。

雨中に立つ人形は、微動だにしなかった。

しかし、その視線はずっと小薗さんを追い続けていた。

雨脚が強まる中、小薗さんは従姉妹のスカートを握り締めたまま、後ろを振り向くことができなかった。

もし、振り向いたその先に、あの形相の人形が付いてきていたらどうしよう。

自分の間近にいたらどうしよう。

それを思うと、従姉妹の足下を凝視して黙って後を付いていく以外、何もできなかった。

漸く家に帰り着くと、人形のある居間に転がり込んだ。

人形は――ある。

ガラスケースの中に、出かける前と変わらず鎮座している。

「ごっ……ごめんなさい！　ごめんなさい！　お水あげなくてごめんなさい！」

畳に額を擦りつけて謝った。何度も繰り返し謝った。

ひとしきり謝った後、恐る恐る顔を上げた。

ガラスケースの中の人形は、いつもの美しく艶めかしい笑みを浮かべた表情——では、なかった。

今し方、降りしきる雨の中で出くわしたのと同じ、眉間に皺を寄せ睨む般若のように厳しい形相に変わり果てていた。

「ひっ……」

ちょうど帰宅した祖母が、雨を払いながら小菌さんに声を掛けてきた。

「お人形さんに、命のお水ちゃんと上げてくれた？　遊んでばっかりせんと、決まり事をちゃんとせなあかんで」

言葉に詰まっていると、

「……アンタ、どないかしたんか」

小菌さんはこのとき心の糸が切れてしまった。

「おばっ、お婆ちゃん、ごめんなさい、ごめんなさい。お水、なくなってたの、気付いてたのに上げないでいたの、ごめんなさい。後でいいかって、お婆ちゃんがすると思って、そしたらね、そしたらお風呂の帰り道にお人形さんがいて、凄く怒ってて、今も怒ったままでずっと睨んでるの」

およそ要領を得ない説明であったはずだが、祖母は孫の意を汲んで気付いたようだった。

「アンタな、お人形さんにも心があるんやで。乱暴されたら怒るし、お水なかったら喉が渇いた言うて怒りはる。お人形さんは自分でお水を汲みひんのやから、私らがちゃんと命のお水を汲んであげなアカンの分かりよるやろ」

涙ながらに告白する孫娘に説きつつ、祖母は命の水を供えた。

「赦してもらえるまで、毎日ちゃんとお水あげなアカンよ」

それから小薗さんは日々欠かさずに命の水を供えた。

家から出かける前に供え、学校から帰ったら真っ先に水を確かめる。

僅かでも減っていたら新しいのに代える。

人形はそれからも永らくの間、恐ろしく厳しい形相のままで小薗さんを赦してはくれなかったが、いつの頃からか元の和らいだ表情に戻っていた。

猫の溝

猫が好きな人というのは何種類かいる。

家に一匹だけ飼って猫かわいがりする単頭飼いの人、それがヒートアップして多頭飼いになる人。

家で飼うだけでなく捨てられた猫を保護して連れて帰らずにはいられなくなる人、そして野良猫も外猫のまま保護の範疇に入ってくる人、などなど。

野本さんの場合、家猫野良猫問わず猫と見ると捨て置けないというタイプだった。所謂、〈猫おばさん〉の類で、保護している猫の他に近所の顔見知りの野良猫達にも餌を欠かさず与えている。

養っている猫は、野良だけでも二十六匹。

野本さんは薬局を経営されているので生活に余裕はあった。が、これだけいると餌代も相当なもので、猫缶やらカリカリやらを合わせて餌代だけで毎月十万円以上掛かる。

「でもねえ……もし、この子達が何処かで野垂れ死にしちゃったりしたらって思うと、放っておけないじゃない」

　餌を与えなければ猫達はゴミを漁るかもしれない。餌付けして猫餌の味を覚えさせておけば、ゴミを漁らなくなる、かもしれない。

　この辺りは勝手な期待の範疇でしかないのだが、そうして野良猫を餌付けして安心させておき、慣れたところで捕まえた野良猫に去勢や避妊手術を施すところまでやる人もいる。もちろん手術代は自腹になるのだが、「これは地域猫を過剰に増やさないための措置で」と何かと理由を作っては、猫と関わることを続ける。

　こういうもっともらしい理由を一応掲げておかないと、近隣とトラブルになることも少なくないためだ。

　家猫と違って野良猫にトイレの躾を施すことは困難である。そして猫の側もしたいところに入り込んでするが、猫は「餌を食べる場所」と「用を足す場所」は分ける生き物なので、野本さんが餌を与えるのとは別の場所が「野良猫の糞尿被害」を被ることになる。

　生き物である以上食べれば糞尿をする訳で、「猫に餌などやるから野良猫の糞尿の迷惑を被るのだ」という批判も起きる。

　野本さんはとある公園で、野良猫に毎日餌を与えていたが、その公園に隣接するマンションの管理人に餌付けについて咎《とが》められた。

「そちらさんは猫を救っていい気分なんでしょうがね、その野良猫の糞尿で迷惑を被るのはこっちなんですよ！」

この管理人は野良猫には相当腹に据えかねていたようで、猫を見かけると「しっ、しっ」と追い払ったり、デッキブラシで追い回したりしているのを、野本さんも何度か目撃したことがある。

それはあまりにかわいそうだとは思ったが、猫好きと猫嫌いの溝は簡単に埋まるようなものではなかった。

件の公園で、顔見知りの猫が仔猫を産んでいるのを見つけた。

猫好きの野本さんとはいえ、全ての野良猫を管理できている訳ではない。避妊に手が回らなかった子も当然ながら出てくる。

野良猫に限らず、野生の生き物は子を産んだ直後が一番危うい。

親猫は脆弱な子を守らねばならないし、乳を与えなければならないが、自分の餌もどうにか得なければ親も子も衰弱して死んでしまう。

野本さんは餌を探しに行けない親猫を慮って、親子が身を隠す公園の木陰に容器を置き、毎日猫餌と水を与えて面倒を見てやった。

仔猫達は順調に大きくなっていったが、まだまだ親離れには時間が掛かりそうだ。

何日か経ったある日、仔猫の様子を見に公園に立ち寄ると、例のマンションの管理人がいた。

管理人は公園の水道にマンションから持ち出したゴムホースを繋ぎ、公園内に何やら水を撒いている。

野本さんは先だってもこの管理人とトラブルになり、怒声を浴びせかけられたばかりだった。マンション側の言い分も分からないではないが、これぱかりは溝が埋まるものでもないから、触らぬ神に祟りなしとばかりに、意識してこの管理人との接触は避けていた。

野本さんは、管理人が一体何をしているのか気になった。

そして、得も言われぬ不安に襲われた。

いつもの母猫が、狂ったように鳴いている。

その傍らで、管理人は猫に向かってホースで水を浴びせかけていた。

そこは野本さんが餌を置いた場所である。管理人は仔猫を水責めにしていたのだ。

どれほど前から水を撒き続けていたのかは分からないが、管理人は漸く満足したのかホースを巻き取ってマンションに戻っていった。

辺りは泥まみれになっていたが、野本さんは管理人が立ち去った後すぐに仔猫達に駆け寄った。

が、仔猫は一匹残らず息絶えていた。

水を掛けたくらいで何をと思うかもしれないが、生まれてまだ数週もない仔猫である。簡単に死ぬ。

野本さんは、管理人のことを恐れずもっと早く救い出してやれば良かったと自らを悔い、仔猫達の遺骸を抱いて泣き悲しんだ。

泥まみれになった木立の根元を掘り、家に取りに戻った線香を焚いて死んだ仔猫の遺骸を埋葬した。

母猫は暫くの間そこで鳴いていたが、線香が尽きる頃には見えなくなっていた。


それから数カ月ほど過ぎた頃、例のマンションの管理人が新しい人に変わっていた。

また猫のトラブルがあってはいけないと思い、野本さんは新しい管理人に挨拶した。

前の管理人の方は、と水を向けるとこういう答えが返ってきた。

「前任の方は御病気になったとかで」

突然、腹水が溜まりだして、全身が水ぶくれになる病気に罹《かか》ったのだ、という。

「私もよくは知らないんですが、急に亡くなってしまわれたんで。それで私が後任ということになります。今後とも良いお付き合いをお願いします」

新しい管理人はそう言って頭を下げた。

前任の管理人が猫を殺したのは、野本さんが目撃したあの一回だけではなかったらしい。猫の餌に猫いらずを混ぜてみたり、そうやってのたうち回る猫に水をけしかけて殺したのも、一度や二度ではなかった。

そこまでする猫嫌いの気持ちは、猫好きにはどうしても理解できない。

猫好きと猫嫌いの間には埋め難い溝がある。

野本さんは、新しい管理人が猫好きであればいいなと思った。

E.T.

蓮崎さんが中学生の頃の話。
夏休みに友人の実家に泊まりに行った。ちょうどお盆の頃だったと思う。
友人の実家は東北の港町にあった。
どうということのない、田舎でよく見かける普通の家だった。
昼間、近くの浜辺で友人と遊び倒した。
遊び疲れたせいか、その晩は早々に眠りに落ちた。
早く眠ると意外な時間に目が覚めてしまうものだ。
軽い尿意を感じて目を覚ましたが、まだ真夜中だった。
室内は常夜灯の薄明かりがあったので、雑魚寝している友人を踏まずに廊下に出た。
幸いにしてこの日は月明かりがあったので、暗がりながら行く先はうっすら見えた。
この家のトイレは玄関を通り過ぎた先にあった。
玄関は大きな磨りガラスの入った引き戸だったが、そのガラス越しに妙なものがいる。
はっきりした形は分からないのだが、しわしわの何かがいるのである。

大きなお腹をした、裸の……そう、スピルバーグの映画に出てきたE．T．に似ている。

ずんぐりでっぷりと出た下腹に小さな頭。

左手で自分の腹を擦っている。

そして空いた右手で自分の腹を指差し、その手を今度は磨りガラス越しに蓮崎さんのほうに向けて指す。

それをゆっくり交互に繰り返しながら、そいつは廊下に立つ蓮崎さんを見つめている。

トイレに行くためには、自分を指差すE．T．もどきの前を横切らなければならないのだが、得体の知れないものに見つめられながら用足しに向かう勇気はなかった。

そのまま静かに部屋に戻り、尿意を堪えながら布団に潜った。


翌早朝、辺りが明るくなってから玄関に行くと、E．T．だと思っていたものがいた場所には、縦置きされた金属の植木鉢があった。

植木鉢を見間違えたのか、と思って安心した。

このときは。


「……最近までずっと、E．T．だと思い込んでいたんですよ。でも、あれよく考えてみると〈餓鬼〉だったなあ、と」

右手と頭は確かに動いていたんですよねえ、とのこと。

死のう

枝野君は自殺を考えていた。

割と真剣に、死のうと思い詰めていた。

受験に失敗し、もう俺の未来は何処にもないんだ、と人生を諦めていた。

何もかもが嫌になり、何もかもを放りだして今生に別れを告げてしまいたかった。

こういうときは色々気力が萎えてしまうもので、死のうと覚悟を決めるのにもだらだらと時間が掛かった。

漸く死のうと決意したものの、家の中で死ぬのは嫌だった。

親兄弟に見つかったら止められるかもしれない。説得などされたら、せっかく決めた死ぬ覚悟が萎えてしまうかもしれない。死ぬのに失敗したら、きっと泣かれながら説教をされるだろう。それは面倒臭い。

できることなら、誰にも知られないところで失敗なく死にたい。

硫化水素は作り方がよく分からないし、飛び降り自殺や飛び込み自殺は何とも痛そうだ。

入水自殺は溺れるのがかなり苦しいと聞く。

もう死んでしまいたいという気持ちはこれほど強いのに、痛いのも苦しいのも嫌だった。死のうと決めるのに気力を使い果たしてしまい、しかし家で死ぬのは嫌で、かといって遠出するほどの気力は残っていない。

死のうという割にはアクティブさが足りない枝野君は、迷いに迷った末に取りあえず手近な場所に死地を求めることにした。

幸いというのか、自宅の裏手にはちょっとした山があった。

山と言っても深山幽谷というほどのド田舎の山奥ではない。滅多に人が来ないとはいえ、町内の何人かで山狩りすればすぐに見つかるくらいの低山である。

死ぬところは邪魔されたくないが、死体はほどほどのところで見つけてもらいたい。できれば熊に食い荒らされる前に、早めに気付いてもらえたほうがいい気もする。

死後についてあれこれ配慮する必要など本来ないはずなのだが、死後の利便性と自分の残り少ない気力を考えて、裏山で死ぬことに決めた。

家から持ち出したロープを抱え、山を歩く。

うっかり林道に出ると近隣の知人に挨拶されかねないので、林道や獣道に入らないように歩いていく。

獣道というのは歩きやすいから獣も使うということなのであって、獣も使わないような場所というのは存外に歩きにくい。斜面であったり笹や下生えが濃密すぎたり足場が悪すぎたり、獣すら避けるのだから人間が——しかも生きる気力も萎え果てた人間がおいそれと歩けるはずもない。

何処か死ねそうな場所、何処か死ねそうな場所。

枝野君はぶつぶつと呟きながら、死ぬのに良さそうな場所を探し回った。

ロープの長さは大したことがなかったので、ロープを投げて枝が届く程度の高さでなければ困る。かといって低すぎると足が地面に届いてしまう。高すぎては樹上に登るのが厄介だ。

首吊りならすぐに死ねるはずと思っていたが、こうしてみると首吊りにベストな木というのは思いの外、少ないものらしい。枝野君の理想が高すぎるからかもしれないが、こういう自分の実力に見合わない理想の高邁なところが、受験の失敗に結び付いたのではないかと思い返すと、萎えかけていた気力が戻り、死にたい気持ちがより一層強まった。

散々歩き疲れたところで、手頃な木を見つけた。

枝振りは少々心許ない気はするが、ギリギリでロープが届きそうな高さの枝、それにお誂え向きに足場にする石も転がっている。

もっと良さそうな理想的な首吊りの木も探せばあるのかもしれないが、これでいいや、と妥協することにした。要するに死ねればいいのだから、これ以上の我が儘《まま》を言うまい。

何度もロープを投げ、漸く枝にロープを渡して縛り付けることに成功した。

思い描いたような「首吊り用の結び方」はよく分からなかったが、首が抜けないように末端を輪にしておけばそれで問題はあるまい。

色々付かれてしまったので、もう早いところ死んでしまおうと若干投げやりな気持ちになってきたので、足場にする石に上り、輪にしたロープに首を突っ込んだ。

足を踏ん張った瞬間、突風が吹いた。

キーンと耳鳴りがする。

だがしかし、俺は死ぬんだ。もう死ぬんだ。と心に決めた枝野君の決意は揺るがない。

えいっ！　と勢いよく飛び降りる。

首にロープの抵抗が掛かる。

バキン！　と頭上から音が聞こえた。

次の瞬間、ロープの抵抗が消え、枝野君は地面に着地し、その脳天をめがけて堅い丸太が直撃した。

ロープを結び付けた枝が折れて、枝野君の頭に落ちてきたのである。

枝野君は不意打ちで襲いかかってきた激痛に頭を抱えて転げ回った。

俺は満足に死ぬこともできないのか。
と――。
何かが枝野君の首に巻き付いた。
直前の突風に吹かれて飛ばされてきたのか、それは細長い布きれのようだった。
薄汚れた手ぬぐいか、木綿の反物の切れ端か。
ロープのようなちくちくする手触りでなく、もっと滑らかでつるつるしている。
小便で煮染めたような色をした薄黄色いそれが、枝野君の首を絡め取る。
そして、恐ろしいほどの剛力でそれを締め上げてきた。
首が絞まる。
息が止まる。
脳に流れる血が途絶える。
首から上が鬱血していくのが分かる。
気が遠くなっていく。
死ぬ。しぬ。死ぬ。殺される。
意識が遠のく中、枝野君の耳元に囁く声が聞こえた。
「死ぬって、こうだよ」

自分は死にたがっていたが、殺されたい訳ではなかったはずだ。

死にたい。でも殺されたくない。

ああでも、死ぬ。ああ、死ぬ。


次に目覚めたとき、枝野君は死んでいなかった。

さほど時間は過ぎていなかったようで、気を失っていたのも僅かな時間だったのだろう。

だが、死にたい気持ちは完全に失せてしまっていた。

だって、あんなに苦しいのをもう一回やるのは、もう……何か、もういいや。

枝野君の首に巻き付いていたあの小便で煮染めたような布きれは、気付いたときにはなくなっていた。消えたのか、風で遠くへ飛ばされていったのか、そのへんの草むらに埋もれているのか、そんなことは分からなかったがそれ以上の興味は持てなかった。

とにかくもう死ぬのは懲り懲りだ。

うっすら漂う尿の香りに辟易しながら、枝野君は何もかもを放り捨てて山を下りた。

ビルの街にガオー

高津さんは、時々こういうものを見る。
時間、場所には特に条件はないが、大きめのビルの近くで見かけることが多い。
ビルの影の中に、とても大きな顔があるのだ。
その顔は、男に似たものである。
目、鼻、口の配置は人のそれと同じである。
しかしながら、その鼻は大きい。いや、長い。
鼻筋が通っている、というのとは違う。
鼻先が棒のように張り出し、重力をものともせずにそそり立っている。
その服装は和装である。
麻の篠懸《すずかけ》、脚絆《きゃはん》に八ツ目の草鞋《わらじ》。
玉房の付いた結袈裟《ゆいげさ》。
全体に土埃や草木の汁に汚れ、修道のため山歩きを重ねる山伏のそれに通じる。
おまけに額には頭襟《ときん》を巻いている。

見るからに修験道の行者のそれである。

長い鼻を屹立させているその顔はというと、金剛力士像の阿形吽形《うんぎょう》を思わせるような、眉を吊り上げ目を剥いた厳しい表情を貼り付けている。

極め付きは羽、いや翼であろうか。

その修験者を思わせる背中からは、カラスを思わせる真っ黒い翼が生えている。

翼は羽ばたくことはできるようで、恐らく飛ぶことも適うのだろう。

ただ、飛んでいるところは一度も見たことがない。

それは下を向いている。

ビルの陰から覗いて、足下を虫のように這う人間達を見つめている。

何かを探すかのように見回し、見渡し、見晴らしている。

その目に適うものを探しているのか、それともその目に適わないものを見張っているのかは分からない。

彼らの目的は何か、そも目的があるのかどうかすら分からない。

分からないが、「自分がそれに気付いていることを、それに気付かれてはならないのではないか」とは思う。

だから、見えぬ振りをする。気付かぬ振りで通す。

たったこれだけの話である。
これまでに同じものを四体見かけ、ずっと同じようにやり過ごしてきた。
これからも同じようにやり過ごすつもりでいる。

暴走

好きなバンドのライブがあった。

どうしても見たいので、仕事を片付け、家事も片付け、友人の誘いもやんわり断って、万障繰り合わせて時間を捻り出した。

しかしながら、高津さんの自宅は神奈川県の葉山。そして、ライブ会場は都内である。熱心なファンとしては、もちろんライブは最後まで全部付き合いたいが、そうすると今度は終電がなくなる前に帰れなくなる。とはいえ翌日も仕事はあるから、徹夜という訳にもいかない。

という訳で、ライブには車で出かけた。

行きの車内は、逸る気持ちを抑えきれなかった。

バンドのアルバムを片っ端から大音量で流す。

高速道路を走る間、もうずっと車内は一人ライブ一人大合唱状態である。

季節は夏の終わり頃。今日もまたよく晴れた日で、車内はエアコンを掛けていてすら暑い。そして逸る一人ライブ状態のため一層暑い。

加えて少しずつ車の流れが落ち始め、一番気に入っているアルバムを何巡かして都内に入る頃には、すっかり渋滞に巻き込まれていた。

何処かで事故渋滞でも起きているのか、ラジオの交通情報にいらつきながらも、漸く浅草近辺まで辿り着いた。

大きな河の畔に金色の雲とビールジョッキを模したビルが現れ、スカイツリーが間近に迫ってくる。

首都高は上りも下りも渋滞のようで、反対車線も車の流れはゆったりしていた。

そのとき、大きく緩やかに曲がる反対車線のカーブの遠くのほうに、一層大きなものが近付いてくるのが見えた。

車高の高い大型トラックよりもさらに大きく見える。無理な追い越しを繰り返しているのか、流れの遅い車の群れをこじ開けるようにして加速している。

こういう輩が渋滞の原因になるような事故を起こすのかな。

まったく迷惑な話だな。

そう思いつつ、動かない車列にイライラしながら反対車線の〈暴走車〉を眺めるうち、高津さんは息を呑んだ。

大型トラックより大きい暴走車。

そう思っていたものは、どうも車ではなかった。

バッファローに見えた。

がっしりした四肢でアスファルトを蹴り、頭を下げて突進してくる。

大振りの角で掬《すく》い上げるような姿勢を取り、猛進しながら流れる車列の間に紛れている。

確かに暴牛である。

しかしながら、大きい。

実際、土砂を堆く積む大型ダンプよりも大きく、天蓋のない大型輸送トラックより大きい。トレーラーよりも大きい。

野生の動物は間近に見ると、思っていたよりも大きいという話は聞かないこともない。

だが、大型トラックよりもでかい体躯などということがあり得るだろうか。

しかも、路上。しかも、高速道路上。

高津さんの口は、大きく開いたままだった。

歌っていたお気に入りのアップテンポの曲が、バラードに変わっていたことにも気付かないくらいに。

あと少しでバッファローとすれ違う。

間近に来たそのとき、バッファローは伏せていた頭をグッと持ち上げると、周囲を見回した。

何かに気付いた。或いは、自分に気付いているものが近くにいる。

そういう仕草に見えた。

最前までエアコンの利きを疑うほど蒸し暑かった車内が、エアコンの利きすぎた銀行のロビーのような寒さに変わっていた。

高津さんは目を逸らした。

川面を眺め、星のきらめきだした夏の夕空を眺め、自分の手元に視線を落としてハンドルを睨み付けた。

バッファローは高津さんには気付かず、そのまま渋滞する反対車線の車列を縫うようにして流れていってしまった。

ただただ、怖いものだということ以外には何ひとつ分からなかった。

その晩のライブはとても楽しかった。

あっ

彼は「以前から割と分かるほう」だと言う。

例えば、曰く付きの場所に行くと、「あそこにいる」「あそこはダメ」といったことが、何とはなしに分かる。

分かりはするが、まず見えたりはしない。

見えはしないが、音は聞こえる。

なので、曰く付きの場所と知らずに歩いていて、いきなり背後から音だけ聞こえてきたり。それはそれで驚かされるのだが、よくあることだからと言って怖くない訳でもない。

一番酷いときでも「肩凝りが続くなあ」くらいのもので済んではいた。


ある年の夏の夜のこと。

時間で言えば夜の十時くらい。

この日は残業で、こんな時間になってもまだ仕事をしていた。

仕事の合間に、ふと顔を上げると視界に人の姿が入った。

長い髪の女子小学生である。

白っぽい服を着ていた、と思う。

「あれっ？」

ほんの一瞬のことだ。

今の何？　何だった？　と、よくよく確かめようと思ったら、もう見えなくなっていた。

本当に一瞬過ぎて細かいディティールは覚えていないのだが、所謂死に装束やら白帷子《かたびら》、白い着物の類ではなかったように思う。だが、白っぽかった気はする。

それほどに曖昧な印象なのに、女の子の表情だけはやけにはっきり覚えている。

『あ、やべっ。見られた』

驚いたような慌てたような、そっちに気付かれるつもりはなかった、みたいな。

何でこっちが見えてるの、みたいな。

そういう、微かに動転しているような表情がおかしかった。

そのせいか、あまり怖いとは思わなかった。

向こうにも、見られて困る事情みたいなものがあるのだろうか。

たぶん爬虫《はちゅう》類

眠巣君は最寄り駅から自宅までは自転車である。

この日は例によって仕事に片が付くのに時間が掛かり、そこそこ遅い時間になってしまった。

ペダルを漕いで家の近所まで来たところで、建物の角の辺りに何やら蠢くものがいるのに気付いた。

蠢くというか、ちょろっと動いてぴたりと止まり、またちょろっと動いて周囲を窺《うかが》う、といった風な振る舞いをする……たぶん生き物。

「んんん？」

足を止め、目を眇めて見ると、爬虫類……らしきものがいる。

大きさは蛇にしては小さく、蜥蜴《とかげ》にしては大きい。

もっとも、蜥蜴と言ったらカナヘビくらいしか見る機会がないから、素直に「うわ、でけえな」と思った。

蜥蜴のようにも思ったが、周囲が暗かったので手足があるのかどうかは分からない。

だが、その表面の質感、大きさ、そしてぴくり、ちょろりと動く独特な動作は、爬虫類的な何かであることは確かだと思う。

蛇だったとしたら、小さめのシマヘビならあのくらいあるだろうか。

蛇なのか蜥蜴なのかが気になって、近付いてみた。

頭の部分をジッと見ると、それと目があった。

が、それは所謂、爬虫類の目、黒目しかないあの無機質な目ではなかった。

それは、人間の目だった。

アーモンドのような形をしていて、白目がある。

眉毛はないが睫毛《まつげ》はあった気がする。

ちょうど、瞼を開いた人間の目の形そのものなのだが、バランスがおかしい。

瞼の外側の部分が何もない。

もし、人間の眼球と同じものが付いているなら、見えている部分以外の球状の組織が入る場所が、頭部に必要である。人間なら眼窩《がんか》に相当する部分があるべきなのだが、それがない。

カエルのように飛び出している……というか、アーモンド型の人間の目だけが、蜥蜴のような爬虫類の頭の部分にデタラメに貼り付けてあるような、もやっとするバランスの悪さが際立つ。

「何だこれ」

と頭を捻るが、同時に、

「あ、これやばい奴だ」

という警戒信号が脳内に鳴り響く。

と、次の瞬間、その妙な爬虫類のような何かは、屋根の雨樋から地面に垂れる竪樋《たてどい》の出口のところに、ちゅるん、と潜り込んだ。

その動きは素早く、やはり何らかの爬虫類っぽい。

ただ、あんなふざけた目の付いた爬虫類なんかいてたまるか、という気もする。

それっきり出てこなかったので、面倒になって帰った。

川と子供と坊主と苗木

「子供が落ちる川がありましてねえ」

と、関口さんは言う。

昔、彼女が住んでいた家の近くに、川があった。

何ということのない普通の川なのだが、特色としてはとにかく子供が落ちる、という。

川の近所に住んでいた関口さんの叔父が、毎年一ダースくらい子供を助けていたというから、偶然と片付けるのにはちょっと多すぎる。

「近所の子供は例外なく落ちてましたね。もちろん私も落ちたことがあります」

彼女が未就学児童だった頃、川沿いを三輪車で爆走していた。

すると、川の向こう岸から友達に声を掛けられた。

「おーい」

声のするほうを向いて、手を振った。

その途端、真っ逆さまに川に落ちた。

川辺から道路までの間には「川岸」「河原」と言って差し支えないような蘆原が広がっ

ていたのだが、彼女は三輪車ごと頭から川に落ちたらしい。

「うちの兄も落ちてますよ。ぼちゃんと」

落ち方は様々で、三輪車、自転車どころか徒歩であっても落ちる。

近所の子供は言うに及ばず、この川をたまたま通りがかったよその子供も落ちる始末であった。


ところで、この川沿いには〈ちょっと頭がアレな感じの〉と揶揄《やゆ》される青年が住んでいた。頭の正気が疑われる系の彼は、近所でも今ひとつ評判が良くはなかった。

あるとき、この青年は一念発起したのか何かに目覚めたのか、「坊主になる」と言って家を出た。そして出家して本当に坊主になったらしい。

何処か遠くのありがたい寺で、ありがたい修行をして徳を積んでいる、というように伝え聞いているが、元々〈ちょっと頭がアレな感じ〉という評判ばかりが先立っていたこと、彼の両親もまた息子の言動を持て余し気味だったこともあって、あまり話題にする者もなかった。

かの青年が得度した後も、例の川には変わらず子供が落ちまくっていた。

大人が気を付けていても、子供に気を付けるように言っても、行政が眼を光らせて工夫をしても、とにかくぼちゃんぼちゃんと必ず落ちるので、誰も彼もがもはや「子供は川に落ちるものなのだ」と諦めて納得しかけていた頃、件の坊主から連絡があった。

坊主の実家に届いた荷物の中身は一本の苗木で、手紙が添えられている。

『例の川は呪われている。間違いない。だから、この苗木を川沿いに植えてほしい』

要するに、苗木を植えれば呪いだか祟りだかが収まるはずだから、そのようにしてくれ、ということらしい。

が、件の坊主の親は息子の話をまるで信用しなかった。

元より隣近所では〈ちょっと頭がアレな感じ〉で通っていたうえ、両親も息子の言動を何ひとつ信じていなかった。世間に顔向けができない気の触れた息子が、どこぞの寺でその気になったようだが、一体何を言ってやがるのか、といった具合である。

苗木の一本くらい植えてやればよかったと思うのだが、「面倒だ」とその苗木を落ちる子供達よろしく川に投げ込んで棄ててしまったのである。

苗木をどうにかしなかったから、その後も子供は川に落ち続けた。

いや、どうにかしていたとしても変わらなかったのかもしれないが、苗木を川に捨てた後から事態に若干の変化が起こった。

育児ノイローゼに陥っていたという母親が何処からかふらりと現れ、赤子を自ら川に投げ棄てて殺してしまったのである。

また、川沿いの道路を走っていた車が、カーブを曲がりきれずに川に突っ込み死人を出した。川と道路の間には蘆原が広がっており相応の距離があるにも拘わらず、である。

他にも何件か、子供が死ぬようになった。

それまでは「子供がよく落ちる川」で済んでいたのが、「子供がよく落ちて死ぬ川」に変わってしまったのは、やはり苗木の一件からだろうと思われる。


元々、この付近は大昔に大火に見舞われたことがある。

焼け出され、大やけどを負った人々が川に飛び込んで……というようなことがあったとしても不思議はない。

その人達が今も川に陣取っているのだとしたら、実はあの〈ちょっと頭がアレな感じ〉と皆が思っていた坊主は、正気だったのでは。

そうは思うのだが、苗木を蹴ってしまった後、今更取り返しは付かなくなっている。

何が足りなかったのか

ゲンを担ぐ商売というのは色々ある。

例えば大工はゲンを担ぐ。地鎮祭から棟上げ式まで、神主を呼び三隣亡を避けたりする。

例えば怪談作家もゲンを担ぐ。魔除けと称してお守り、お札、パワーストーンを身に着けたりする人もいる。まあ、魔除けで身に着ける人もいれば、魔呼びのためにわざわざ逆の効果を期待したものを付ける人もいるので、ゲン担ぎとは少し違うかもしれない。

以前、映像を多用するホラーゲームの現場に関わったことがあった。このときは、撮影中の事故などはなかったが、割と深刻なアクシデントが発生した。それが理由かどうかはともかく、ゲーム製作が終わり近くまで進んでクランクアップ前頃になってから、スケジュールを繰り合わせてスタッフ一同でゲーム内容と縁のある寺所で御祈祷を行った、などということもあった。

そしてゲン担ぎと言えば映像、芸能関係者。

有名なところでは「四谷怪談を演る前は必ず御祈祷を受けなければならない」という暗黙のルールがある。そうしなければ絶対にいけないと義務がある訳ではないから、暗黙のルールを看過する現場もある。何か起きたら当人の自己責任と相成るが、「連帯責任が来ることもあるから」と、業界が長い人ほどゲン担ぎに拘る場合もある。

関わる人間も多くなるので、全員参加の御祈祷、お祓いはとにかくスケジュール調整が大変になるから、「やらなくていいならやりたくない」とぼやく人も多い。費用も掛かるし、出演者やスタッフのスケジュールが撮影以外で半日も消費されてしまうのは、かつかつの製作現場などでは回避できるなら回避してしまいたいイベントではある。

それでも「やるべきことをやって何も起きなかったなら、それが御利益ってことでいいじゃないか」と古株のプロデューサーなどは念入りに御祈祷に予定を割くのだという。

とあるアクション映画の撮影現場の話。

ちょっとお金の掛かった、会社肝煎りの大作映画であった。

豪華キャストにベテランスタッフ、プロデューサーも業界の重鎮で、現場の全てが「みんな分かってる人達」で固められた手堅い布陣であったという。

企画から仕込みに至るまでも淀みなく順調で、撮影も特に大きなトラブルもなく着々と消化されていった。

細かいシーンも一通り撮り進め、一番のクライマックスシーンの撮影は最後に回された。

内容は、かなり残虐な処刑シーンである。

もちろん、効果や演出は後々デジタル加工して肉付けされることになるので、俳優とセットの動きを撮るのが主な目的である。

この現場で長く使ってきた大きなセットを破壊的に使う撮影なので、スタッフは撮影直前まで準備に追われていた。

そのクランプアップの正に前日のこと。

本番で俳優が務めるシーンのカメラテストに若いスタッフが駆り出されていたのだが、セットにぶつけたのか小道具でも落としたのか、顔に瘤を作っている。

「おい、どうしたんだ。事故か」

ここまで無事故できたのに、明日がクランクアップということもあって気の緩みでも出たのか、とプロデューサーの河嶌《かわしま》氏が心配そうに声を掛ける。

「いえ、別に何処にもぶつけた記憶はないんすけど、何か急に腫れてきて」

訝《いぶか》る当人が腫れた顔を撫で擦るうちに、その腫れはどんどん大きくなっていった。

頬を中心に首の付け根辺りから顎に掛けて、ぱつんぱつんに腫れ上がっていく。蜂にでも刺されたかと思うほどの異形ぶりであるが、虫刺されの痕は何処にもない。

スタッフ当人は、最初のうちは「痛い痛い」と唸っていたが、そのうちに何も言わなくなった。現場の片隅に寝かせておいたのだが、気付けば意識がない。

「おい！　こいつ普通じゃないよ！　救急車。救急車呼んで！」

スタッフはそのまま救急病院に運ばれた。

こうなってしまった原因は結局まったく分からなかった。虫刺されなどではなく、打撲痕もない。が、スタッフは搬送先の病院で何とか意識を取り戻し、辛うじて事なきを得た。


事はそれだけでは終わらなかった。

スタッフの搬送を見送った後、河嶌氏にも異変が起きる。

「河嶌さん、その顔どうしたんですか」

言われて河嶌氏は自分の頬を撫でた。

頬骨の下に瘤ができている。先程のスタッフと同じだ。

それはみるみるうちに広がっていき、やはり首の付け根から顎に掛けての肉が河嶌氏の顔を歪めるように盛りあがった。

まるで、顔の下半分と首辺りに、もうひとつ別の頭が現れ出ようとしているかのように見えた。

河嶌氏も程なく昏倒し、同様に緊急入院することになった。

河嶌氏の容態は思わしくなかった。

病院が最終的に出した診断は「首の病気」という曖昧なものであったらしいが、具体的な原因究明と治療が始まる前に、河嶌氏は急逝してしまった。

具体的な作品名は聞かない約束であったのでここでは記さないが、映画そのものはその後完成しているし、興行収益も相応にあった。

ただ、何故二人に同じような原因不明の「首の異変」が起きたのかは分からない。

映画の内容は四谷怪談とは無関係で、ホラーでもなかったが、アクションシーンの安全を祈願して、河嶌氏の音頭でクランクイン前にスタッフ、出演者全員によるお祓い、御祈祷もきちんとしてあった。

最後に撮影する予定だった「残虐シーン」もきちんと撮影されたらしいが、それが首から顎に掛けてを吹き飛ばす演出であったのかどうかについては、確認できなかった。

満月の夕べ ～月よりも青く

由貴さんという少女がいる。
いや、今年で二十一歳になる。少女ではなく、もう大人の女性だ。
明るく、快活に喋る。
普段はそうと感じさせないが、ごくたまに表情に陰が差す。
そしてまた、笑みでそれを隠す。
彼女には秘密がある。

「これ――」
どう思いますか？　と由貴さんが差し出したスマホ。
そこには、由貴さんともう一人の少女が映っている。
佳人である。
由貴さんも美しいが、もう一人の少女の整った顔立ちには引き込まれそうな艶がある。
親友、というものなのか、二人はとても近しい間柄に見えた。

撮影されたのは比較的最近であろうか。今日の由貴さんの髪型と変わらない。

由貴さんは笑みを浮かべている。

もう一人の少女は、何処か薄幸そうな雰囲気を漂わせている。

そう思えるのは、画質のせいかもしれない。室内照明を点けず、またストロボライトも点けず、薄暗い部屋の中で撮影されたものらしい。

しかし窓から漏れた星明かりか月明かり程度で、こんなに明るく映るだろうか。

まるで肌が発光しているような。そんな違和感がある。

そう思い直して、スマホの画面を拡大してみる。

少女の顔は透けるような美しさ――ではなく、透けていた。

青白い頬の向こうに、部屋の窓が透けて見える。

由貴さんの細い顎と、少女の顎の先が重なり合っているのである。

「この子、早紀って言います」

由貴さんは、言い淀んで呑み込みかけた言葉を繋いだ。

「私のとても大切な人」


二人が出会ったのは、高校二年の春であった。

由貴さんの通っていた高校に、中途編入という形で転校してきたのが早紀さんである。

早紀さんは、佳人であった。

スッと伸びた背筋と嫋《たお》やかな様は、同年代の同級生達のどれとも違った。

特別なことは何もしていないのに、自分達と同じ高校二年生のはずだのに、彼女の凛とした佇まいは、由貴さんを魅了した。

この子と言葉を交わしたい。

この子と触れ合いたい。

この子とともに在りたい。

友になりたい、というのとは違う。そんな、畏れ多いような気がした。

さりとて、崇めるというのとも違う。

ただただ、惹かれたのだ。

早紀さんは、佳人であった。それ故なのか、何処か人を寄せ付けないような、そういう膜のような隔たりを感じることはあった。

決して人当たりが悪い訳ではない。穏やかで、静か。

ただ、必要以上に踏み入ることを許してはくれない。そんな微かに遠い距離感がある。

由貴さんは諦めなかった。

邪《よこしま》な言い方をすれば、アタックを止めなかった。

様々にアプローチし、自身の存在を早紀さんに刻もうと心がけた。

何も望まないから。

ただ、いつも傍らにいたいだけだから。

それは恋心にも似た——いや、それそのものだったのかもしれない。

やがて、二人はいつもともに在るようになった。

疚《やま》しいところは何ひとつない。深い友情で結ばれた親友同士のように見えたろう。

ただ、二人の結び付きは友情よりも深いところにあった。少なくとも由貴さんはそう信じている。

それを親愛という呼び名で現していいかどうか、分からない。


一年が過ぎた。

高校三年の初夏を迎える頃のこと。

由貴さんは朝、必ず早紀さんの家を訪ねた。

この一年というもの、登下校は必ず二人一緒だった。

一分一秒でも長く、一緒にいたかったからだ。

この日の朝も、いつものように早紀さんの家を訪ね、呼び鈴を押した。

反応がない。

ブザーは鳴っているのだろうと思うのだが、家の中に動きがない。

いつもの朝なら、まず早紀さんの母親が呼び鈴に応える。そして、急かされた早紀さんが少し照れたような笑みを浮かべながら出てくる。

そのはずなのに、家は静まり返ったままだ。

繰り返し呼び鈴を押す。

次第に、ボタンを押すペースが速まっていく。小学生の悪戯を疑われるほどに押す。

それでも返答はない。

家全体に人の気配が感じられない。

昨日、別れるときはどうだった。

いつもと何も変わらなかったはずだ。

身体の具合が悪いなんて、そんなことがあったら真っ先にこの私が気付いているはずだ。

胸騒ぎがする。心が焦れる。

意を決し、由貴さんは庭のほうに回ってみた。やはり、人の気配はない。

窓という窓はカーテンで閉ざされている。リビングに明かりはない。

いないの？　何で？

由貴さんは周囲をぐるりと回って、もう一度玄関に戻った。

早紀は何処？　何処？

早紀さんがいなくなるなど、考えもしなかった。

焦燥に襲われつつ振り向いたポーチの片隅に、真新しい白い封筒があった。

飛びつくようにしてそれを手に取ると、表書きがある。

『由貴へ』

早紀さんの字だった。

封はない。折り曲げただけの封筒の中には、便箋が数枚押し込まれてあった。

一枚目の便箋に、こうあった。

『心配しないで。必ず戻るから。必ず』

二枚目、三枚目の便箋は空白。何も書かれていない。

普段の整然とした早紀さんの筆とは掛け離れた乱れた筆致に、彼女の置かれた状況の切迫感が窺えた。

「そうだ、電話」

携帯電話を開く。

通話履歴は早紀さんのものばかりが並ぶ。
短い呼び出し音のあと、通話は繋がった。
『この電話は電波の入らないところにいるか、電源が入っていません』
切った。また掛けた。
『この電話は――』
何度掛けても同じだった。出ない。

この後の記憶は飛び飛びで、何処をどう歩いて学校まで辿り着いたのか覚えていない。
早紀さんの家の前にどれだけいたのか、授業に間に合ったのか合わなかったのか。
授業には出たと思うのだが、いつから授業を受けていたのかが思い出せない。
早紀さんのいない教室で、由貴さんはぼんやり時を過ごした。
朦朧《もうろう》として、記憶に靄が掛かったようだ。
ただ、携帯は手放さなかった。
通話がダメなら、メールを。ショートメッセージを送る。
『今何処にいるの?』
『大丈夫?』

返事はない。

もう少し待てば、返事があるんじゃないか。僅かな期待を胸にメールを送り続ける。

教室では、早紀さんが登校しなかったことについて、何の話題にもなっていなかった。

思えば早紀さんと近付こうとし続け、それに成功したのは由貴さんだけである。

その後も早紀さんの微妙な心の被膜をかいくぐって彼女に近付こうとした級友はいなかった。だから、由貴さんを除いて誰も早紀さんの心配などしないし、興味も持たない。

先生も特に触れなかった。

何か特別な事情があるのかもしれない。早紀さんからの手紙についても、これは誰にも口外してはいけないものなのでは、と思えた。

だから黙っていた。

それが早紀のためだから。私は早紀を信じてるから。

早紀を待つんだから。


翌朝、再び早紀さんの家を訪ねた。

もしかしたら昨日は何か急な用事ができて、ほんの少しだけ家を空けていたのかも。

だって、必ず戻るって早紀は言っていたし。

　由貴さんは自分に言い聞かせるようにして早紀さんの家に辿り着いたのだが、その淡い期待は砕け散った。

　早紀さんの家の前には物々しいトラックが停まっていた。

　玄関のドアは開いていて、数人の男が出入りしている。

　いずれも見覚えのない者達である。

　筋者と思しき独特の雰囲気を漂わせる強面《こわもて》の男が、苦々しい表情で指図をしている。

　家の中にあった家具、家財を洗いざらい運び出している様はおよそ引っ越し業者には見えなかった。

「あのう……すみません、早紀さんは」

　家の鍵を開けられるのだから、もしかしたら関係者なのかもしれない。

　一縷《いちる》の望みを胸に、指図していた男に声を掛けてみる。

「ねえちゃん、誰や」

　男は不審げな表情を隠そうともせず、睨み付けてきた。

「あの、この家の子の同級生で……」

　正直怖かった。けれど、僅かでも手掛かりが得られるならと、震える声を抑えながら事情を訊ねてみる。恐らく、彼らが真相に最も近いだろうと思われたからだ。

男は忌々しげに言い捨てた。

「逃げたんよ。夜逃げよ、夜逃げ。借金踏み倒しよって、ドロンよ」

ああ――。

手紙の意味が分かった。そうか。そうか。そういうことか。

早紀さんの両親は勤め人ではなく、家で商売をしていると聞いたことがあった。

その商売がうまくいっているのかいないのか、そんなことは聞いたことがなかった。

早紀さんは家のことなどおくびにも出さなかったし、そんな弱味を人に見せるようなことは一度だってしたことはなかった。

「……ねえちゃん、ここんちの娘とトモダチか。せやったら、アレか。何処へ行くとか聞いてへんか」

この借金取り達も早紀さん一家の行く先について手掛かりはないようだった。

由貴さんは、こちらが聞きたいくらいです、とだけ答え、足早にその場を離れた。

詳細を早紀さんは書き残さなかった。用心もあっただろうが、それ以上にそんな暇もないほどの、急な、突然の夜逃げだったのだろう。着の身着のままに家を連れ出されるその最中、走り書きした書き付けを托すのが精一杯だったのだろう。

由貴さんは泣いた。

はらはらと零れる涙の向こうに消えた、早紀さんを思って、ただ泣いた。


あの高三の初夏から三年が過ぎ、そして現在に至る。

早紀さんがその家族ごと失踪したのを知ったあの日の晩は、満月だった。

その晩に、それは始まったという。

満月の晩、深夜零時を回ると由貴さんの部屋が月明かりに満たされる。

青白く光る、その光の中に早紀さんが現れるのだ。

曇天であろうと雷雨であろうと関係がない。月齢が満月を示すその晩に限り、青白い光の中に必ず現れる。

二十八日ごとに、必ず。三年前のあの晩からずっと、それは続いている。

早紀さんはただ現れるだけではない。

由貴さんと言葉を交わす。

――今どうしてる?

――逢いたいね。

――そうだね、逢いたい。

早紀さんは約束を守り、由貴さんに逢いにきた。

二十八日ごとの逢瀬を欠かしたことはない。

由貴さんは、青白い光に包まれて早紀さんが現れることについて、何の疑いも持っていない。

どんな姿でもどんな形であっても、早紀さんと逢えることが重要であり、それが全てだからだ。

二人は寄りそう。

そして手を取り合う。

頬を寄せる。

ただ、触れ合うことは決してできない。

手を握り合っても、早紀さんの感触も体温も感じることはできない。

早紀さんの頬も、手も、そして全身がうっすらと透けている。

彼女はここにいて、ここにいないのだ。

由貴さんは触れ合えないながらも、早紀さんを抱きしめる。

それは形だけかもしれない。それでも満たされる。

早紀さんの安らかな微笑みは、かつて日々を一緒に過ごしてきたときよりも、ずっと柔らかいもののように感じる。

全てが終わった後のような、そんな満たされた暖かさを感じるのだ。

時折、その微笑みに吸い込まれそうになる。

早紀さんの唇を見つめるうち、そこに自らの唇を重ねたくなる衝動に駆られる。

それをしてしまったら、終わってしまうのではないか。

早紀さんがもう二度と現れなくなってしまったら。

それだけが恐ろしくて、耐えている。


「こんな話、信じてもらえないかもしれないけど。早紀は、生霊になって私に逢いに来てくれていると思うんです。いつかきっと、現実に逢えると思うんです。だって、必ず戻ってくるって、早紀はそう言ってた。だから、待ち続けようって思ってるんです」

由貴さんは、それを〈生霊〉だと言った。

早紀さんは生きている、と。何処かにいると。

「早紀と逢える日が来たら、私の本当の気持ちを伝えようと思うんです」

彼女は、そう言った。


爾後《じご》。

いつか逢える日が来るといいですね、と挨拶した後、由貴さんを紹介してくれた人がぽつりと呟いた。

「……たぶんですけど、由貴さんの〈その日〉は叶わないんじゃないかなって」

恐らく、早紀さんはもう。

由貴さんも本当はそれに気付いているんじゃないか、って。

「――大切な人なんです」

由貴さんの最後の言葉が、繰り返し繰り返し心の奥底に響いて沈んでいった。

〆書き

怪談作家は、どうやって元ネタを見つけたり体験者と出会ったりするのか、について。

ここのところは本当に人それぞれで、決まった形というのはないように思います。

まず、当人が霊感持ち。「様々な体験を積み重ねてきたので、自伝として書きます」という方ですね。ただこれは、長く書いていくとネタが尽きてきますので、やはり取材をするようにはなります。

「誰かおもしろい話知ってる人いない？」

飲み屋で隣り合った、乗り合わせたタクシーの運転手、久しぶりに再会した昔の友達や同窓生、ここらへん飛び込み営業とか身内営業とかに通じるものがあるような気もします。

怪談作家は書く以前に話を聞いてナンボですので、インタビュアーとして秀でている人、人の懐に入るのがうまい人、大勢を惹き付ける魅力のある人、初対面の相手に物怖じしない人にリーチがあるような気はします。

お付き合いのある怪談作家さんは作家専業という人ももちろんいらっしゃいますが、兼業の方が割と多く。そして、実話怪談に限れば兼業作家で居続けるほうが有利なのではないかと思うことはあります。本業の仕事で誰かに会うとか、大勢の生徒さんや教え子さんと一気に大量に出会うとか、入れ替わり立ち替わりやってくるお客さんと話す機会があるとか、そういう新規の出会いというのが体験者と巡り会う機会であるためです。

また、紹介というのが意外と馬鹿になりません。

見えないけどそういう話が好きな人が、詳しい人を紹介してくれたり。また、見える人ネットワークというわけでもないんですが、「自分以外にも見える人がいるので御紹介しますよ」とコミュニティを広げる手助けをして下さったりします。

実話怪談作家の仕事はそうやって得たお話、体験談という素材を、読み物として全体像やチョークポイントとなる部分が際だって分かりやすくなるように、整理するお仕事です。

ノンフィクションの一分野でもあるため、小説のように無限に演出を盛るわけにもいかないんですが、時折、「ああもうこれ以上、ひとつも手を加えたくないし、聞いた話をそのまま一字一句変えずに採録したい！」と思ってしまうような、語りのうまい体験者さんなんかもいらっしゃいます。今回も何人かそういう方がおられましたが、怪談作家の沽券《こけん》に関わる問題ですので僕も頑張りました。

素材に負けていない仕上がりになっていればいいなと思います。

二〇一八年　皐月　　加藤一

本書の実話怪談記事は、「忌」怖い話 回向怪談のために新たに取材されたものなどを中心に構成されています。快く取材に応じていただいた方々、体験談を提供していただいた方々に感謝の意を述べるとともに、本書の作成に関わられた関係者各位の無事をお祈り申し上げます。

「忌」怖い話 回向怪談

2018年6月5日　初版第1刷発行

著者　加藤 一
カバー　橋元浩明（sowhat.Inc）
発行人　後藤明信
発行所　株式会社　竹書房
〒102-0072　東京都千代田区飯田橋2-7-3
電話 03-3264-1576（代表）
電話 03-3234-6208（編集）
http://www.takeshobo.co.jp
印刷所　中央精版印刷株式会社

定価はカバーに表示しています。
落丁・乱丁本は当社までお問い合わせ下さい。

ISBN978-4-8019-1467-4 C0176